新编21世纪高等职业教育精品教材

金融类

金融职业技能

（第二版）

主　编　邓雪莉
副主编　李　毅

中国人民大学出版社
· 北京 ·

前言

党的二十大报告指出，“统筹职业教育、高等教育、继续教育协同创新，推进职普融通、产教融合、科教融汇，优化职业教育类型定位”，明确了新时期职业教育的发展方向。2019 年 1 月，国务院印发《国家职业教育改革实施方案》，明确提出“坚持知行合一、工学结合”“深化复合型技术技能人才培养培训模式改革”“每 3 年修订 1 次教材，其中专业教材随信息技术发展和产业升级情况及时动态更新”；2023 年 6 月，国家发展改革委等八部门印发《职业教育产教融合赋能提升行动实施方案（2023—2025 年）》，对新时期高等职业教育教材建设提出了新的更高的要求。

为充分落实党的二十大对职业教育发展的精神，深度对接金融企业业务改革与创新需求，提高金融专业群学生金融业务综合技能，全面提升数字化时代职业院校金融专业人才实践操作能力，增强学生就业核心竞争力，我们组织团队教师对本教材进行了修订。

本次修订的主要内容与特点如下：

1. 落实立德树人根本任务，培养德技并修的数字金融人才

本教材在修订过程中立足职业院校金融专业群人才培养的特色与要求，设置“价值提升”专栏，如“通过十个汉字大写数字了解中国汉字文化”“从第一套人民币发行看中国共产党对新中国金融体系的重建”“大国金融需要‘工匠精神’”等，将党的二十大提出的“弘扬伟大建党精神，自信自强、守正创新，踔厉奋发、勇毅前行”等精神，融入具体技能模块工作场景中，达到“润物细无声”的效果，培养学生成为遵纪守法的合格金融从业人员。

2. 校企双元开发，进一步深化产教融合、校企合作

此次修订，我们邀请了山西省财政税务专科学校金融科技人才研培中心合作企业深圳智盛信息技术股份有限公司、交通银行股份有限公司山西省分行等行业企业的专家和一线金融行业从业人员共同设计模块-任务，全程参与教材编写，保证教材内容紧密对接金融行业发展趋势和人才需求。本教材既适合作为高等职业院校财经类专业的教学用书，也适合企业财经工作者使用。

3. “岗课赛”融通，及时将行业新技能、新规范引入教学内容

在本教材修订过程中，一方面，我们立足金融行业典型工作岗位设计课程模块内容，将货币防伪与鉴别、手工点钞、字符录入、传票数字录入等岗位素质技能融入课程；另一方面，我们结合全国职业院校技能大赛智慧金融赛项规程，将岗位任务、课堂教学、技能竞赛融为一体，体现了“岗课赛”融通的职业教育特色。

4. 配套资源丰富，方便理实一体化的教与学

本教材共六个模块，前五个模块均有学习目标（分为知识目标、技能目标、价值目标）、模块导入、任务分析、模块小结、模块测评五个部分，模块六为金融职业技能综合实训。在知识内容中，穿插了课堂讨论、即测即评、实战训练、知识拓展、二维码视频演示等栏目，通过丰富的教学组织形式，调动学生的学习积极性，培养学生自主学习的能力。同时，本教材还配有 PPT、教学大纲等教学资源供读者使用。此外，读者可申请智盛金融职业技能训练平台，进入软件系统进行相关实训内容操作。

本教材由山西省财政税务专科学校邓雪莉担任主编，山西省财政税务专科学校李毅担任副主编。编写人员具体分工为：李毅与交通银行股份有限公司山西省分行何杰共同编写模块一，邓雪莉编写模块二、模块三及全书“价值提升”的内容，李毅编写模块四、模块五，晋中职业技术学院邓一冰编写模块六，深圳智盛信息技术股份有限公司李程钢负责配套实训操作平台软件开发、操作手册编写，山西省财政税务专科学校荆睿峡、赵子毅对本教材部分演示图片和视频提供了支持。

在编写本教材过程中，我们参考和吸收了国内许多专家、学者的研究成果，并得到了编者所在院校领导的鼎力支持和帮助，同时得到了相关金融机构业内专家的指导。在此，一并表示衷心的感谢。

由于编者水平有限，加之金融行业的发展日新月异，书中难免有疏漏和不足之处，敬请广大读者提出宝贵意见和建议，这将成为我们今后继续修订和完善的重要参考。

编者

目录

模块一 数字书写技能

学习目标

知识目标

1. 掌握阿拉伯数字和中文大写数字的书写规范；
2. 掌握用数字填写票据和登记账簿时的相关规定。

技能目标

1. 能够规范书写阿拉伯数字；
2. 能够规范书写中文大写数字；
3. 能够正确填写银行票据。

价值目标

1. 学习祖国博大精深的汉字文化；
2. 增强“四个意识”，坚定“四个自信”，做到“两个维护”。

模块导入

借条书写不规范引致法律纠纷

刘某持有邱某书写的借款时间为2022年3月16日的一张借条，借条的内容为：“今向刘某借人民币壹拾伍元正。利率2%（每月叁仟元正），借期壹年，借款人邱某。”借款期满后，邱某未如约还款，双方当事人产生纠纷。

一审法院认为，邱某对刘某举证的涉案借条系其书写无异议。从该份借条行文的借款金额、借款利率、借款的具体月支付利息金额、借款期限等内容以及刘某提供的相应借款来源证据及其对借款发生的具体陈述分析判断，该份借条的书写具有全文的完整性、内容的连贯性和解释的合理性，故该份借条中“壹拾伍元”可以认定为系邱某书写存在笔误，即邱某向刘某借款15万元的事实，应予以确认。故一审判决支持了刘某的请求。后邱某不服，上诉至二审法院。二审法院认为，借条约定的借款本金与借款利率明显不符合交易习惯，根据《中华人民共和国民法典》第一百四十二条第一款“有相对人的意思表示的解释，应当按照所使用的词句，结合相关条款、行为的性质和目的、习惯以及诚信原则，确定意思表示的含义”的规定，从借条前后表述的意思上看，该借款的本金应确认为15万元，而不是邱某所主张的15元，刘某所提交的借条和两份取款凭证，可证实涉案借贷关系成立。二审法院最终驳回了邱某的上诉，维持原判。

财经行业的日常工作经常涉及各类数据信息，为了加强工作的规范性和安全性，财经工作人员应当掌握正确的数字书写规范和要求，以避免由于数字书写不规范而造成不必要的纠纷和经济损失。那么，数字的书写规范涉及哪些方面呢？

任务一 阿拉伯数字书写技能

任务分析

本任务的教学重点与难点是财经类阿拉伯数字的标准写法，要做到书写规范、流畅、清晰。

一、阿拉伯数字的产生及运用

阿拉伯数字由 0、1、2、3、4、5、6、7、8 和 9 共十个计数符号组成，阿拉伯数字最初由古印度人发明，后由阿拉伯人传向欧洲，之后再经欧洲人将其现代化。由于阿拉伯数字采用十进制，同时笔画简单，书写方便，因此很快成为世界范围内的公用数字。公元 13 到 14 世纪，阿拉伯数字传入我国。

在财经工作方面，阿拉伯数字有广泛和重要的应用，如填写票据、凭证、报表等，均须书写阿拉伯数字。因此，掌握阿拉伯数字的正确书写规范和技巧，是财经工作人员的基本从业技能和素质要求。能够在财经工作中准确而熟练地书写阿拉伯数字，不仅可以有效提高财经工作的质量和效率，而且可以有效避免争议和纠纷。

二、阿拉伯数字书写规范

（一）阿拉伯数字规范书写图例

在有金额分位格的账表凭证上，财经工作人员应结合记账规则要求书写阿拉伯数字，并遵循特定的书写规范。具体书写格式如图 1－1 所示。

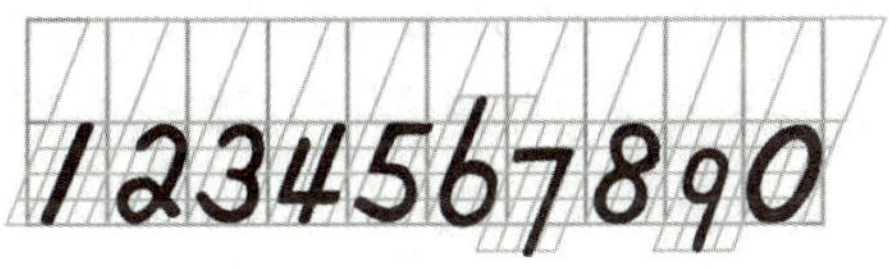

图 1－1　阿拉伯数字的书写格式

（二）具体书写规范要求

从字体上讲，既不能把这些数字写成刻板划一的印刷体，也不能把它们写成难以辨认的草字体，更不能为追求书写形式而把它们写成美术体。

从数字本身所占的位置看，既不能把数字写满格、占满行，又不能把数字写得太小、密密麻麻，让人不易清楚辨认，更不能超越账页上既定的数格。

从字形上看，既不能让数字垂直上下，也不能歪斜过度，更不能左倾右斜，毫无整洁之感。另外，书写后要让人看着合乎规定要求，既流畅又美观，还方便纠错更改。

总之，在财经工作中，尤其是在会计记账过程中，阿拉伯数字的书写同汉字书写有所不同，且已经约定俗成，已形成会计数字的书写格式。其具体要求是：

（1）各数字自成体型、大小匀称、笔顺清晰，合乎手写体习惯，流畅、自然、不刻板。

（2）书写时字迹工整，排列整齐有序且有一定的倾斜度（数字与底线呈 60°的倾斜）并以向左下方倾斜为好。

（3）书写数字时，应使每位数字（“7”“9”除外）紧靠底线且不要顶满格（行）。

一般来讲，每位数字约占预留格子（或空行）的 1/2 空格位置；每位数字之间一般不要连接，也不可预留间隔（以不增加数字为好）；每位数字上方预留 1/2 空格位置，可以在订正错误记录时使用。

（4）对一组数字的正确书写为，应按照自左向右的顺序进行，不可逆方向书写；在没有印刷数字格的会计书写中，同一行相邻数字之间应空出半个数字的位置。

（5）除“4”“5”以外的各单数字，均应一笔写成，不能人为地增加笔画。注意：整个数字要书写规范、流畅、工整、清晰、易认不易改。

（6）在会计运算或会计工作底稿中，运用上下几行数额累计加减时，应尽可能地保证纵行累计数字的位数对应，以免产生计算错误。

（7）对于不易写好、容易混淆且笔顺相近的数字，应尽可能地按标准字体书写，区分笔顺，避免混同，以防涂改。例如：

“1”不能写短，且要合乎斜度要求，防止改为“4”“6”“7”“9”；

书写“6”时可适当扩大其字体，使起笔上伸到上格的 1/4 处，下圆要明显，防止改为“8”；

“7”“9”的落笔可下伸到底线外，约占下格的 1/4 位置；

“6”“8”“9”“0”都必须把圆圈笔画写顺，并一定要封口；

“2”“3”“5”“8”应各自成体，避免混同。

（8）除采用电子计算机处理会计业务外，会计数字应用规范的手写体书写，不适用其他字体。只有这样，会计数字的书写才能规范、流畅、清晰，合乎会计工作的书写要求。

阿拉伯数字的书写口诀：“1”字对角线，“2”字有弧角，“3”“5”下角圆，“4”字须开口，“6”字向上升，“7”“9”均出格，“0”“8”要封口。

三、阿拉伯数字书写与数位结合

数位是指各个计数单位所占的位置，如万所占的位置是万位。每个数位上的数都有相对应的计数单位，如个位的计数单位是个，十位的计数单位是十。每相邻两个计数单位之间的进率是 10。常用数位排列表见表 1－1。

表 1－1　常用数位排列表

数位	……	万万万位	千万万位	百万万位	十万万位	万万位	千万位	百万位	十万位	万位	千位	百位	十位	个位	十分位	百分位	千分位	……
读法	……	兆	千亿	百亿	十亿	亿	千万	百万	十万	万	千	百	十	个	分	厘	毫	……

财经工作人员在书写阿拉伯数字时，是与数位结合在一起的。书写的顺序是由高位到低位，从左到右依次写出各数位对应数字。例如，“壹仟玖佰伍拾陆”应写为：1956。

四、三位分节制

使用分节号能较容易地辨认数的数位，有利于数字的书写、阅读和计算工作。

数的整数部分，采用国际通用的三位分节制，从个位向左，每三位数用分节号“,”或 1/2 阿拉伯数字大小的空格分开。例如：

千万位	百万位	十万位	万位	千位	百位	十位	个位
1	2	7	3	8	6	0	0

应写成 12,738,600 或 12 738 600。

带小数点的数，应将小数点记在个位与十分位之间的下方。例如：

十万位	万位	千位	百位	十位	个位	十分位	百分位
8	1	2	3	9	6	4	5

应写成 812,396.45 或 812 396.45。

一般账表凭证的金额栏印有分位格，元位（个位）前每三位印一条粗线代表分节号，元位（个位）与角位（十分位）之间的粗线则代表小数点，计数时不用再另加分节号或小数点。

任务二 中文大写数字书写技能

任务分析

本任务的教学重点与难点是中文大写数字的标准写法，要做到字迹工整、清晰，书写规范、流畅。

一、中文大写数字

中文大写数字主要用于填写需要防止涂改的发票、银行结算凭证、合同等信用凭证，书写时要准确、清晰、工整、美观。

中文大写金额与读数一致，由中文大写数字和数位词组成，两者缺一不可。

（1）中文大写数字有：零、壹、贰、叁、肆、伍、陆、柒、捌、玖。

（2）数位词有：拾、佰、仟、万、亿、元、角、分等。

价值提升　通过十个汉字大写数字了解中国汉字文化

大写数字虽然看上去是普通的文字，但在实际生活中，它却具有难以估量的意义和价值，不能小觑。

你知道中文大写数字是从什么时候开始使用的吗？这些汉字又有什么含义吗？

据明末清初的著名学者、考据家顾炎武所著《金石文字记·岱岳观造像记》，可知《岱岳观造像记》是武则天时代所立的石碑，上面有大写数字。顾炎武考证说："凡数字作壹、贰、叁、肆、伍、陆、柒、捌、玖等，皆武后所改及自制字。"

大写数字在武周以后不仅使用在碑石上，也出现在诗文中。唐著名诗人白居易在《论行营状请勒魏博等四道兵马却守本界事》有这样的记述："况其军一月之费，计实钱贰拾漆捌万贯。"其中"贰""拾""漆""捌"都是大写数字。顾炎武说这个"漆"字，本应作"桼"，多的三点是后人妄自加凿的。"漆"后简为"柒"，又省作"七"。

直到明朝，十个大写数字才受到重视。朱元璋因为当时的一件重大贪污案“郭桓案”而发布法令，其中明确要求记账的数字必须由“一、二、三、四、五、六、七、八、九、十、百、千”改为“壹、贰、叁、肆、伍、陆、柒、捌、玖、拾、佰（陌）、仟（阡）”等复杂的汉字，用以增加涂改账册的难度。从此以后，大写数字的用法就一直保持至今。

其实，这些大写数字的本义并不指数目，它们是怎么演变成大写数字的呢？这十个字可分为两种类型。

一是音义俱同，如壹、贰、叁、伍、柒。壹，《说文解字》解释是“专一。从壶，吉声”，有表示专一、统一意思。贰，古汉语里“二”的大写字，有不专一、不一致的含义，如“贰臣”。叁，古汉语里“三”的大写字，见《左传·隐公元年》中的“先王之制，大都不过参国之一”，此处“参”实际当“叁”讲，含义是“三”。伍，古汉语“五”的大写字，见《周礼·夏官·诸子》中的“合其卒伍”。柒，古汉语中“七”字大写，柒，木名，见《山海经·西山经》中的“刚山，多柒木”。

二是音同义异，有些字之所以成为大写数字，完全是出于“假借”的缘故，如肆、陆、捌、玖、拾。肆，原意是解剖牲体，见《礼记·郊特牲》中的“腥、肆、爓、腍祭，岂知神之所飨也？主人自尽其敬而已矣”，与“四”毫无关系，其成为“四”字的大写，纯属于“假借”。陆，汉语中的陆地、登陆，“陆”字成为“六”字的大写，也属于“假借”，原意并无位居第六的含义，但在诗词“上口”音中有此音。捌，见《淮南子·说林训》“故解捽者不在于捌格”，此处“捌”字含用手分开之义，而“八”字是向两边分开，因而遂成“八”字的大写字。玖，见《诗经·王风·丘中有麻》中的“贻我佩玖”，玖是似玉的浅黑色美石，与“九”本无关系，但“玖”字是由“王、久”两字组成，借其“久”与“九”谐音，作为“九”的大写字。拾，本意是捡取，见《史记·孔子世家》中的“涂不拾遗”，借其谐音而作为“十”的大写字。

二、中文大写数字书写的有关规定

（一）书写规范

中文大写数字要以正楷或行书字体书写，不得连笔书写，字体要各自成形、大小匀称、排列整齐，字迹工整、清晰。

（二）中文大写金额

中文大写金额前若没有印制“人民币”字样，书写时在大写金额前要冠以“人民币”字样。“人民币”与大写金额首位数字之间不得留有空格，数字之间不能留有空格，写数字与读数字的顺序要一致。如果是外币，则必须冠以外币名称，如美元、欧元等。例如，“¥756.39”应写为：人民币柒佰伍拾陆元叁角玖分。

（三）“整”字的用法

中文大写金额到“元”为止的，在“元”之后以“整”字收尾。在“角”之后，可以不写“整”字。中文大写金额中有“分”的，“分”后面不再写“整”字。例如，“¥8 371.50”应写为：人民币捌仟叁佰柒拾壹元伍角（整），而“¥258.96”应写为：人民币贰佰伍拾捌元玖角陆分。

“整”字笔画较多，在书写时，常常将“整”字写成“正”字，在中文大写金额的书写方面这两个字的作用是一样的。例如，“¥520.00”应写为：人民币伍佰贰拾元整（正）。

（四）“零”字的用法

阿拉伯金额数字中有“0”时，中文大写金额的书写要看“0”所在的位置。对于阿拉伯金额字尾部是“0”的，不管是一个还是连续多个，中文大写金额写到非零数位后，用一个“整”字结尾，不用“零”来表示。例如，“¥20.50”应写为：人民币贰拾元伍角（整）；“¥500”应写为：人民币伍佰元整。阿拉伯金额数字中间有“0”时，中文大写金额应按照汉语语言规律、金额数字构成和防止涂改的要求进行书写。分别举例如下：

（1）阿拉伯金额数字中间有一个“0”时，中文大写金额要写“零”字。例如，“¥608.32”应写为：人民币陆佰零捌元叁角贰分。

（2）阿拉伯金额数字中间连续有几个“0”时，中文大写金额可以只写一个“零”字，读数字时也只读一个“零”。例如，“¥5 006.91”应写为：人民币伍仟零陆元玖角壹分。

（3）阿拉伯金额数字角位（十分位）是“0”，而分位（百分位）不是“0”时，中文大写金额“元”字后面应写“零”字。例如，“¥156.03”应写为：人民币壹佰伍拾陆元零叁分。

（4）阿拉伯金额数字元位（个位）是“0”，或数字中间连续有几个“0”，元位

（个位）也是“0”，但角位（十分位）不是“0”时，中文大写金额可以写一个“零”字，也可以不写“零”字。例如，“¥7 350.68”应写为：人民币柒仟叁佰伍拾元陆角捌分，或写为：人民币柒仟叁佰伍拾元零陆角捌分。再如，“¥3 805 123.00”应写为：人民币叁佰捌拾万伍仟壹佰贰拾叁元整，或写为：人民币叁佰捌拾万零伍仟壹佰贰拾叁元整。

（五）“壹”字的用法

日常口语中习惯说“拾几”或“拾几万”，但“拾”字在中文大写时只代表数位，不是数字。壹拾几的“壹”字，在书写中文大写金额时不能遗漏。例如，¥12.00应写为：人民币壹拾贰元整，如果漏掉“壹”字，显然是不正确的。

（六）中文大写数字不能漏写或错写

一笔金额无论写错一个或几个字，都不能在原来的数字上更改，必须重新填写。

实战训练

请根据中文大写数字书写的有关规定，工整、清晰、规范、流畅地写出以下金额的中文大写金额数字：

1. 金额为2 500元

正确写法：人民币贰仟伍佰元整

错误写法：人民币：贰仟伍佰元整

2. 金额为108 000.00元

正确写法：人民币壹拾万零捌仟元整

错误写法：人民币拾万捌仟元整

3. 金额为40 089 000.00元

正确写法：人民币肆仟零捌万玖仟元整

错误写法：人民币肆仟万零捌万玖仟元整

4. 金额为57 000.21元

正确写法：人民币伍万柒仟元零贰角壹分

错误写法：人民币伍万柒仟零贰角壹分

任务三 银行票据书写技能

任务分析

本任务的教学重点与难点是票据出票日期书写的标准写法，要做到内容简明扼要、准确，字迹工整、清晰，书写规范、流畅。

一、填写票据上出票日期的特别规定

（一）票据的出票日期须用中文大写数字

根据《支付结算办法》的规定：票据的出票日期必须使用中文大写。为防止变造票据的出票日期，在填写月、日时，月为壹、贰和壹拾的，日为壹至玖和壹拾、贰拾和叁拾的，应在其前加“零”；日为拾壹至拾玖的，应在其前面加“壹”。例如，“2月15日”应写为：零贰月壹拾伍日，“10月6日”应写为：零壹拾月零陆日。另外，票据出票日期使用小写填写的，银行不予受理。大写日期未按要求规范填写的，银行可予受理，但由此造成损失的，由出票人自行承担。

空白支票样票如图1-2所示。

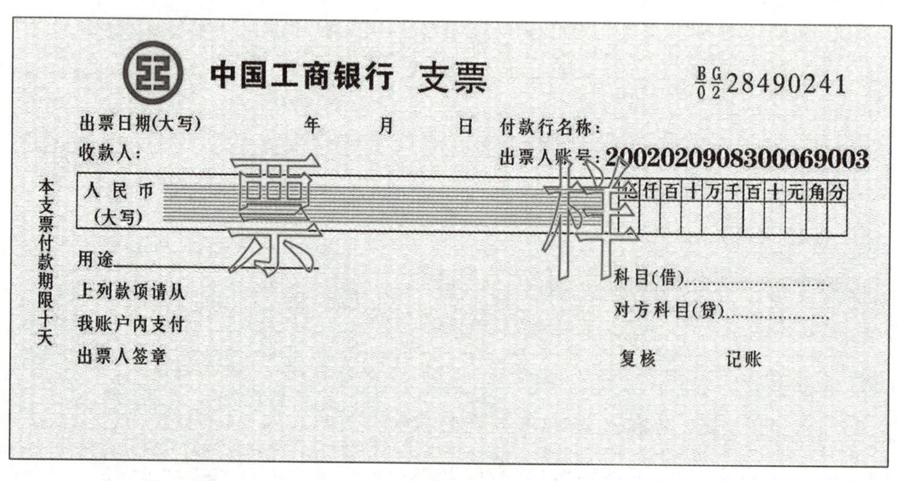

中国工商银行 支票 $\frac{BG}{02}$28490241

出票日期(大写) 年 月 日 付款行名称：

收款人： 出票人账号：20020209083000069003

本支票付款期限十天

人民币（大写）		亿	仟	百	十	万	千	百	十	元	角	分

用途

上列款项请从

我账户内支付

出票人签章

科目(借)

对方科目(贷)

复核 记账

票样

图1-2 空白支票样票

（二）票据的出票日期为“壹月”的，不能写成“元月”

按照《支付结算办法》的规定，票据出票日期为“壹月”时，应写成“零壹月”，出票人将“壹月”写成“元月”属于不规范写法。根据中国人民银行的有关规定，从1998年1月1日起，票据上将“壹月”写成“元月”的，银行应不予受理。

（三）票据的出票日期书写不规范的，银行应做退票处理

票据的出票日期未按《支付结算办法》要求填写的，银行柜台人员应不予受理，并应向客户做好解释工作；如果是通过票据交换系统提入的票据，银行不应退票，但由此造成损失的，由出票人自行承担。

票据和结算凭证金额以中文大写和阿拉伯数码同时记载的，二者必须一致，否则票据无效，银行不予受理。

中文大写数字用于填写需要防止涂改的销货发票、银行结算凭证、收据等，因此，在书写时不能写错。一旦出现错误或漏写，必须重新填写，写错的凭证随即注销作废，但不要随便丢弃，应妥善保管。票据和结算凭证上金额、出票或签发日期、收款人名称不得更改，更改的票据无效。

二、审查结算凭证时应注意的问题

中文大写数字由各企业及银行在日常业务填写凭证时使用。各企业向银行提交的各种结算凭证及支票，是银行为国民经济各部门各单位办理资金划拨、现金存取的重要依据，也是记录经济业务和明确经济责任的书面证明。因此，银行在审查各种结算凭证时，在大、小写金额数字方面，还须注意以下四个问题：

（1）按规定书写中文大写数字，不得自造简化字。

（2）必须按照正确的书写要求认真填写有关凭证，银行要认真审查。

（3）票据出票日期使用小写数字填写的，大写日期未按要求规范填写的，银行不予受理。

（4）填写票据和结算凭证时，必须做到标准化、规范化、要素齐全、数字正确、字迹清晰、不错漏、不潦草、防止涂改。

※ 模块小结

任务一　阿拉伯数字书写技能	
阿拉伯数字的产生及运用	阿拉伯数字的产生；阿拉伯数字的运用
阿拉伯数字书写规范	阿拉伯数字规范书写图例；具体书写规范要求
阿拉伯数字书写与数位结合	数位是指各个计数单位所占的位置，阿拉伯数字书写的顺序是由高位到低位
三位分节制	数的整数部分，采用国际通用的三位分节制，从个位向左，每三位数用分节号“,”或1/2阿拉伯数字大小的空格分开
任务二　中文大写数字书写技能	
中文大写数字	书写时要准确、清晰、工整、美观
中文大写数字书写的有关规定	书写规范；中文大写金额；“整”字的用法；“零”字的用法；“壹”字的用法；中文大写数字不能漏写或错写
任务三　银行票据书写技能	
填写票据上出票日期的特别规定	票据的出票日期须用中文大写数字
	票据的出票日期为“壹月”的，不能写成“元月”
	票据的出票日期书写不规范的，银行应做退票处理
审查结算凭证时应注意的问题	银行在审查各种结算凭证时，在大、小写金额数字方面，还须注意四个问题

※ 模块测评

一、将0～9十个阿拉伯数字按照规范反复书写30遍

测评要求：财会专业达到三级标准，非财会专业达到四级标准。

一级：2.5分钟内完成；二级：3分钟内完成；三级：3.5分钟内完成；四级：4分钟内完成。

二、将下面的大写金额用小写金额表示

1. 人民币陆佰叁拾伍元贰角壹分
2. 人民币柒仟玖佰万零陆仟贰佰伍拾叁元整
3. 人民币叁仟万零肆拾元贰角伍分
4. 人民币伍佰壹拾贰万零柒佰元整
5. 人民币壹拾壹元陆角玖分

6. 人民币玖万肆仟贰佰零壹元叁角伍分
7. 人民币陆仟叁佰肆拾元零壹角整
8. 人民币伍佰壹拾叁万柒佰零壹元贰分
9. 人民币壹拾万玖佰元整
10. 人民币贰仟肆佰万元零伍分

三、将下面的小写金额用大写金额表示

1. ¥7 545.00
2. ¥35 216 395.02
3. ¥395 165.50
4. ¥845 271 560.00
5. ¥21 637 894.05
6. ¥7 569.08
7. ¥391 532.00
8. ¥230 006.70
9. ¥5 800 000.36
10. ¥130 004.59

四、将下面的日期按照票据的出票日期规定书写

1. 2010 - 02 - 05
2. 2005 - 10 - 20
3. 2013 - 04 - 16
4. 2011 - 11 - 30
5. 2009 - 07 - 06
6. 2019 - 01 - 01
7. 2015 - 05 - 18
8. 2016 - 12 - 31
9. 2022 - 08 - 02
10. 2023 - 01 - 20

五、根据提示填写表内空格

金额/日期	错误写法	正确写法	错误原因
¥600.00	人民币：陆佰元整		
¥5 360.30	人民币伍仟叁佰陆拾零元叁角		

续表

金额/日期	错误写法	正确写法	错误原因
¥12 008.00	人民币壹万贰仟另捌元整		
¥170 400.00	人民币拾柒万肆佰元整		
¥19.06	人民币拾玖元陆分		
¥6 800 000.02	人民币陆佰捌拾万零贰分		
1月30日	壹月叁拾日		

模块二 货币认知与鉴别技能

学习目标

知识目标

1. 了解人民币的发展历程；
2. 熟悉第五套人民币的防伪特征；
3. 掌握残损人民币的兑换方法；
4. 熟悉主要外币的鉴别方法。

技能目标

1. 能够对真假币进行鉴别；
2. 能够独立完成人民币的挑残与兑换。

价值目标

1. 了解从第一套人民币发行开始，中国共产党对新中国金融体系的重建，深刻认识到只有共产党才能领导中国；
2. 增强“四个意识”，坚定“四个自信”，做到“两个维护”。

模块导入

你知道中国古代货币如何防伪吗？

货币形态发展至今，经历了实物货币、金属货币、信用货币、电子货币的发展阶段。从纸币的产生来看，北宋年间出现了世界上最早的纸币——交子，其后陆续出现别的纸币——会子和关子，且地位越来越重要。纸币的流行显然方便很多，可却阻挡不了鱼目混珠之人，加之古代并没有荧光油墨、安全线、水印等防伪技术，那么古时的人是如何去伪存真、辨别货币真假的呢？

早在宋天圣元年（公元 1023 年），官府正式成立“益州交子务”，印发“官交子”，纸币正式诞生。但交子发行使用不到 20 年，社会上便产生了多种形式的“伪交子”。据《宋史·孙甫传》，由于“伪造交子多犯法”，以至于当时转运使“欲废不用”。由于伪造的纸币数量众多，因此官府在之后的制造中对交子进行了大量的改良。从宋代以来，中国古代使用的纸币防伪方法主要有特殊纸张法、盖章防伪法、图案防伪法等，盖章的交子如图 2－1 所示。可见，古代为了货币防伪也是费尽了心思，在那个没有高科技检验真假的年代，古人能做到这些的确很不容易。

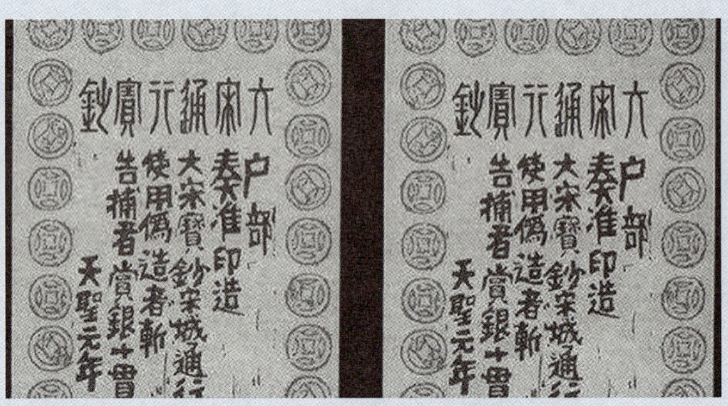

图 2－1　盖章的交子

这些防伪方法放在古代科技条件上，尚且称得上是高精尖技术，但进入近代以来，已渐渐落伍。社会在进步，对纸币如何辨伪识真，是每个时代都需要解决的问题。

任务一　人民币认知

任务分析

本任务的教学重点与难点是区分各套人民币的券别与版别。

《中国人民银行法》第三章第十六条规定：中华人民共和国的法定货币是人民币。中国人民银行在 1948 年 12 月 1 日成立当天就发行了第一套人民币，至今一共发行了五套人民币。

按照法律规定，人民币的主币单位为元（人民币元 Renminbi Yuan，简写“RMB”，货币符号为“¥”，国际货币代码为 CNY），人民币辅币单位为角、分。人民币没有规定法定含金量，它执行价值尺度、流通手段、支付手段等职能。

一、第一套人民币认知

（一）发行背景

第一套人民币是在统一各解放区货币的基础上发行的。1948 年，中国人民解放军以排山倒海之势，解放了祖国大片土地，华北、西北、东北各解放区已连成一片，发展生产、商品贸易等都要用钱、花钱、收付货币，但由于当时各解放区发行的货币不统一，货币比价不固定，货币间相互兑换十分困难，迫切需要发行一种独立、统一、稳定的货币。为此，1948 年 12 月 1 日，在华北银行、北海银行、西北农民银行的基础上在河北省石家庄市合并组成中国人民银行，同日开始发行统一的人民币。至 1951 年底，人民币成为中国唯一合法货币。第一套人民币上的“中国人民银行”六个字由董必武题写，在晋察冀边区印刷局制版印刷。习惯上，人们称从 1948 年开始发行至 1955 年 5 月 10 日停止流通的人民币称为第一套人民币。

价值提升　从第一套人民币发行看中国共产党对新中国金融体系的重建

第一套人民币的发行考虑周密，是有计划、有步骤的，是党的一项重大英明决策，对清除国民党政府发行的各种货币、统一全国各解放区的货币、支持解放战争的全面胜利和中华人民共和国成立初期的经济恢复发挥了重要作用。可以说，第一套人民币是在党的领导下中国货币史上统一时代的开端。

1. 发行背景

第一套人民币是在中国共产党的领导下，中国人民解放战争胜利进军的形势下，由新成立的中国人民银行印制发行的唯一法定货币。“人民”两字说明这个钞票的性质，它不是为少数资本家发行的，而为了中国人民发行的。

2. 设计理念

第一套人民币是“自力更生”“艰苦奋斗”的产物，其设计思想是以解放区的农业、工业、商业、贸易、交通、运输等各方面的典型实例作为选择图样的题材。票版的设计制作主要由解放区的印钞厂承担，奠定了我国人民币印制事业基础。从人民币第一套图案设计上，能够看出在当时社会背景下人民的生活环境以及精神面貌，将中华人民共和国成立初期的政治、经济、文化和生活百态生动地体现出来，让大家感受到在中国共产党的领导下各族人民团结一致、努力自力更生的激情岁月。

3. 经济意义

第一套人民币既是战时货币，又是中华人民共和国成立初期的国民经济恢复时期的货币，它首先服务于中国人民解放战争，中国人民解放军的红旗插到哪里，人民币就发行到哪里。人民币的发行保证了解放战争胜利进军的需要，促进了经济的恢复与发展，最终成为全国唯一的合法货币，结束了国民党统治下几十年的币制混乱历史。在中华人民共和国成立初期的国民经济恢复时期，第一套人民币对稳定经济起到了重要作用。

（二）发行券别与版别

第一套人民币发行时间从 1948 年 12 月 1 日至 1953 年 12 月止，其间共发行 12 种券别，有 1 元券、5 元券、10 元券、20 元券、50 元券、100 元券、200 元券、500 元券、1 000 元券、5 000 元券、10 000 元券和 50 000 元券。第一套人民币有 62 种版别，其中：1 元券 2 种、5 元券 4 种、10 元券 4 种、20 元券 7 种、50 元券 7 种、100 元券 10 种、200 元券 5 种、500 元券 6 种、1 000 元券 6 种、5 000 元券 5 种、10 000 元券 4 种、50 000 元券 2 种（见表 2－1）。第一套人民币具体券别与版别样币可登录中国人民银行官网查看。

表 2-1　第一套人民币版别一览表

券别	版别主图案
1 元	工人和农民、工厂
5 元	牧羊、帆船、水牛、经纱
10 元	锯木与犁田、火车站、工人和农民、灌田与矿井
20 元	打场、立交桥、施肥与火车、推车、帆船与火车、万寿山（甲）、万寿山（乙）
50 元	水车、工人和农民、火车与大桥（甲）、火车与大桥（乙）、压道机、列车（甲）、列车（乙）
100 元	耙地、北海桥（甲）、北海桥（乙）、火车站、轮船、运输、万寿山（甲）、万寿山（乙）、工厂、帆船
200 元	颐和园、炼钢厂、长城、排云殿、割稻
500 元	农村、起重机、种地、收割机、正阳门、瞻德城
1 000 元	耕地、三台拖拉机、钱塘江大桥、秋收、推车、牧马
5 000 元	耕地机、牧羊、渭河桥、工厂、蒙古包
10 000 元	轮船、骆驼队、牧马、双马耕地
50 000 元	新华门、收割机

课堂讨论

你见过最大面额的人民币是多少元的？想一想：为什么第一套人民币最大的面额是 50 000 元？为什么第一套人民币相同的面额会有不同版别，如仅 20 元券就有 7 种版别？

（三）特点

第一套人民币带有明显的战争时代色彩：一是印制质量粗糙，印制技术、工艺不统一，纸张易磨损；二是票面设计图案比较单调，色彩变化少；三是票券的面额、版别种类繁多；四是面额大，单位价值低，在流通中计算时以万元为单位，不利于商品流通和经济发展，给人们带来不便；五是票券防伪功能差。因此，从 1955 年 4 月 1 日起，10 000 元券和 50 000 元券 2 种人民币停止流通；当年 5 月 10 日起，第一套人民币全部停止流通使用。

知识拓展

第一套人民币的收藏价值

到目前为止，我国共发行了五套人民币。其中，以第一套最为珍贵，它已经成了国内外收藏家集藏的热点。

第一套人民币不仅面值多、种类复杂，而且流通时间短，部分版别的第一套人民币发行和流通数量非常少。更为遗憾的是，人们当时并没有想到它的收藏价值，在1955年全国发文要收回时，短短100天，就收回钱币流通量的98.1%。这是几套人民币回收最快的一次。当年很多人为了填饱肚子，根本没有想到它的历史价值，银行也没有保留原始档案，导致留存下来的甚少，能将之集全者实属凤毛麟角。

第一套人民币的收藏中，有被专家称为“十二珍品”的“伍元水牛图”“贰拾元打场图”“壹佰元帆船图”“伍佰元瞻德城图”“壹仟元牧马图”“伍仟元牧羊图”“伍仟元渭河桥图”“伍仟元蒙古包图”“壹万元骆驼队图”“壹万元牧马图”“伍万元新华门图”“伍万元收割机图”。这12版人民币的收集难度最大，因为其流通数量非常少，价格每每创出新高。

对于钱币收藏爱好者来说，集齐第一套人民币一直是可遇不可求的梦想，很多人可能至今未曾见过实物。由于存世量稀少，很多收藏家都将第一套人民币称为天价币。例如全品“壹万元牧马图”，市场价曾达150万～160万元；“伍仟元蒙古包图”上品的价格在36万元左右，如果是全品则在40万元以上。因此，第一套人民币的全套价格即使出到300万元，也往往是有价无市。即使按照目前权威部门提供的参考价，第一套人民币的散币价格之和也在220万元以上，堪称人民币收藏中的钻石级藏品。

二、第二套人民币认知

（一）发行背景

第二套人民币是在第一套人民币统一全国货币的基础上于1955年3月开始发行的。20世纪50年代初，战争创伤得到了医治，通货膨胀也得到了遏制，国民经济逐渐恢复，工农业生产迅速发展，商品经济日益活跃，财政收支基本平衡，市场物价趋于稳定，货币制度也相应巩固和健全，一个独立、统一的货币制度已建立起来。但是，由于新中国成立前连续多年的通货膨胀遗留的影响没有完全消除，加上第一套人民币面额大、种类多、质量差、破损严重等弊病，国家决定发行第二套人民币，同时收回第一套人民币，收回的折合率为 1∶10 000。1957 年 11 月 19 日，国务院发布《关于发行金属分币的命令》，决定自 1957 年 12 月 1 日起，发行 1 分、2 分、5 分 3 种硬分币。这是人民币硬币发行的开端。

（二）发行券别与版别

第二套人民币发行从 1955 年 3 月至 1962 年 4 月，共发行了 11 种券别，有 1 分券、2 分券、5 分券、1 角券、2 角券、5 角券、1 元券、2 元券、3 元券、5 元券、10 元券。第二套人民币有 16 种版别，其中：1 分券、2 分券、5 分券各 2 种（纸、硬币各 1 种），1 角券、2 角券、5 角券各 1 种，1 元券 2 种，2 元券 1 种，3 元券 1 种，5 元券 2 种，10 元券 1 种（见表 2－2 和表 2－3）。第二套人民币具体券别与版别样币可登录中国人民银行官网查看。

表 2－2　第二套人民币纸币一览表

券别	主图案		主色调	发行时间
	正面	背面		
1 分	汽车	国徽等	茶、米黄	1955.3.1
2 分	飞机	国徽等	蓝、浅蓝	1955.3.1
5 分	轮船	国徽等	墨绿、浅翠绿	1955.3.1
1 角	拖拉机	国徽等	棕、黄、浅草绿	1955.3.1
2 角	火车	国徽等	黑、绿、浅紫粉	1955.3.1
5 角	水电站	国徽等	紫、浅紫、浅蓝	1955.3.1
1 元	天安门	国徽等	红、黄、粉紫红	1955.3.1
			蓝黑、橘红	1961.3.25
2 元	宝塔山	国徽等	深蓝、土黄、灰蓝	1955.3.1
3 元	井冈山	国徽等	深绿	1955.3.1
5 元	各族人民大团结	国徽等	绛紫、橙黄	1955.3.1
			深棕、米黄	1962.4.20
10 元	工农像	国徽、多色牡丹等	黑	1957.12.1

表 2-3　第二套人民币硬币一览表

券别	主图案		材质	直径	发行时间
	正面	背面			
1 分硬币	国徽、国名	麦穗、面额、年号	铝镁合金	18 毫米	1957.12.1
2 分硬币	国徽、国名	麦穗、面额、年号	铝镁合金	21 毫米	1957.12.1
5 分硬币	国徽、国名	麦穗、面额、年号	铝镁合金	24 毫米	1957.12.1

（三）特点

一是消除了战时痕迹和通货膨胀的影响。第二套人民币版别少、面额小、单位价值大、方便流通；二是版面图案体现了各民族大团结，共同进行社会主义建设的新风貌，具有好看、好认、好算、好使用“四好”特点；三是精心制作，印制技术和纸张质量都比第一套人民币好，防伪性能增强；四是钞券的印制由部分依靠外援印制过渡到本国独立印制，1961 年我国自制的水印纸研制成功，使用在第二套人民币钞券上。

三、第三套人民币认知

（一）发行背景

第三套人民币是中国人民银行于 1962 年 4 月 20 日开始发行的。20 世纪 60 年代初，我国经历了连续三年的经济困难后，国民经济开始好转，工农业生产逐步恢复，国家财政金融状况逐渐好转。为适应国内外经济形势变化，促进生产建设和商品流通的进一步发展，方便各单位和人民群众的货币使用，国务院决定发行第三套人民币。第三套人民币的发行使我国货币制度进一步完善。

（二）发行券别与版别

第三套人民币在第二套人民币的基础上，经过 18 年的逐步调整和更换，共陆续发行 7 种券别，有 1 角券、2 角券、5 角券、1 元券、2 元券、5 元券、10 元券。有 13 种版别，其中：1 角券 4 种（纸币 3 种、硬币 1 种），2 角券、5 角券、1 元券各 2 种（纸币、硬币各 1 种），2 元券、5 元券、10 元券各 1 种（见表 2-4 和表 2-5）。到 1980 年，我国第三套人民币各券别、版别发行齐全，第三套人民币和第二套人民币比价为 1∶1，并在市场上混合流通。第三套人民币具体券别与版别样币可登录中国人民银行官网查看。

表 2-4　第三套人民币纸币一览表

券别	主图案		主色调	发行时间
	正面	背面		
1 角	教育与生产劳动相结合	国徽和菊花	枣红、橘红、蓝绿	1962.4.20
			深棕、浅紫	1966.1.10 1967.12.15
2 角	武汉长江大桥	国徽和牡丹花	墨绿	1964.4.15
5 角	纺织厂	国徽、棉花和梅花	青蓝、橘黄	1974.1.5
1 元	女拖拉机手	国徽和放牧	深红	1969.10.20
2 元	车床工人	国徽和石油矿井	深绿	1964.4.15
5 元	炼钢工人	国徽和露天采矿	深棕、咖啡、黑	1969.10.20
10 元	人民代表步出大会堂	国徽和天安门	黑	1966.1.10

表 2-5　第三套人民币硬币一览表

券别	主图案		材质	直径	发行时间
	正面	背面			
1 角硬币	国徽、国名	齿轮、麦穗、面额、年号	铜锌合金	20 毫米	1980.4.15
2 角硬币	国徽、国名	齿轮、麦穗、面额、年号	铜锌合金	23 毫米	1980.4.15
5 角硬币	国徽、国名	齿轮、麦穗、面额、年号	铜锌合金	26 毫米	1980.4.15
1 元硬币	国徽、国名、年号	长城、面额	铜镍合金	30 毫米	1980.4.15

（三）特点

一是体现了当时的建设方针和我国特有的民族风格；二是采用了手雕与机雕相结合等多种先进技术，印制精细，对各券别近似图案颜色进行调整，使不同面额钞券有所区别，既方便使用又美观大方；三是体现了我国全部自行印制钞券的能力，实现了从设计、制版到纸张、原材料、印制设备全部国产化，同时，由于油墨、纸张、制版、印刷等技术的提高，进一步增强了防伪性能；四是各种券别结构，经过调整，进一步趋于合理，加之纸币、硬币品种丰富，更加方便人民群众和市场货币流通的需要。

四、第四套人民币认知

（一）发行背景

第四套人民币是在国民经济迅猛发展、商品零售额大幅增长、货币需求量大量增加的情况下发行的。第四套人民币的发行使我国货币制度进一步完善。

（二）发行券别与版别

第四套人民币采取“一次公布、分次发行”的办法，从 1987 年 4 月至 1997 年 4 月发行完毕，共发行 9 种券别，有 1 元券、2 元券、5 元券、10 元券、50 元券、100 元券 6 种主币和 1 角券、2 角券、5 角券 3 种辅币。版别有 80 版和 90 版 2 种，在 20 世纪 80 年代陆续发行的各种券别人民币均为 1980 年版，而 1 元券、2 元券、50 元券、100 元券还有在 20 世纪 90 年代发行的硬币为 1990 年版（见表 2－6 和表 2－7）。第四套人民币具体券别与版别样币可登录中国人民银行官网查看。

表 2－6　第四套人民币纸币一览表

券别	主图案		主色调	发行时间
	正面	背面		
1 角	高山族、满族人物头像	国徽	深棕	1988. 9. 22
2 角	布依族、朝鲜族人物头像	国徽	蓝绿	1988. 5. 10
5 角	苗族、壮族人物头像	国徽	紫红	1987. 4. 27
1 元	瑶族、侗族人物头像	长城	深红	1988. 5. 10 1995. 3. 1 1997. 4. 1
2 元	维吾尔族、彝族人物头像	南海南天一柱	绿	1988. 5. 10 1996. 4. 10
5 元	藏族、回族人物头像	长江巫峡	棕	1988. 9. 22
10 元	汉族、蒙古族人物头像	珠穆朗玛峰	黑蓝	1988. 9. 22
50 元	工人、农民、知识分子头像	黄河壶口瀑布	黑茶	1987. 4. 27 1992. 8. 20
100 元	毛泽东、周恩来、刘少奇和朱德四位领导人的浮雕像	井冈山主峰	蓝黑	1988. 5. 10 1992. 8. 20

表 2-7　第四套人民币硬币一览表

券别	主图案		材质	直径	发行时间
	正面	背面			
1 角硬币	国徽、国名、汉语拼音国名、年号	菊花、面额	铝镁合金	22.5 毫米	1992.6.1
5 角硬币	国徽、国名、汉语拼音国名、年号	梅花、面额	铜锌合金	20.5 毫米	1992.6.1
1 元硬币	国徽、国名、汉语拼音国名、年号	牡丹花、面额	钢芯镀镍	25 毫米	1992.6.1

（三）特点

一是体现了政治性与艺术性的有机结合；二是突出了防伪性能，反映了我国印钞技术水平的提高。

即测即评 2-1

1. 人民币国际货币符号为（　　）。

A. CMY　　B. RMB　　C. CNY　　D. CHY

2. 人民币是指中国人民银行依法发行的货币，包括（　　）。

A. 主币和辅币　　B. 纸币和硬币

C. 流通币和退出流通币　　D. 主币和纸币

3. 中国人民银行自 1948 年成立至今，已经发行了（　　）套人民币。

A. 3　　B. 4　　C. 5　　D. 6

4. 50 元和 100 元两种面额人民币最早是在（　　）人民币中开始出现的。

A. 第一套　　B. 第二套　　C. 第三套　　D. 第四套

5. 我国是从（　　）人民币开始发行辅币的。

A. 第一套　　B. 第二套　　C. 第三套　　D. 第四套

6.（　　）人民币是我国第一次不依赖国外，全部实现自主设计印制的。

A. 第一套　　B. 第二套　　C. 第三套　　D. 第四套

7.（　　）人民币流通时间最长。

A. 第一套　　B. 第二套　　C. 第三套　　D. 第四套

8. 第一套人民币于（　　）开始发行。

A. 1948 年 12 月 1 日　　B. 1949 年 10 月 1 日

C. 1949 年 12 月 1 日　　D. 1949 年 1 月 1 日

9. 第一套人民币最大面额是（　　）。

A. 10 000 元　　B. 20 000 元　　C. 50 000 元　　D. 100 000 元

五、第五套人民币认知

（一）发行背景

第五套人民币（1999 年版）的发行是我国货币制度建设的一件大事，是我国社会稳定、经济发展、文化艺术繁荣、科技进步的有力证明，也是为中华人民共和国成立五十周年献上的一份厚礼。

改革开放以来，我国国民经济持续、快速、健康发展，经济发展速度在世界上名列前茅，社会对现金的需求量也日益增大，经济发展的形势对人民币的数量和质量、总量与结构都提出了新要求。货币制度需要随着经济发展变化的实际情况进行适时调整。我国第四套人民币的设计、印制始于改革开放之初。限于当时的条件，第四套人民币本身存在一些不足之处，如防伪措施简单，不利于人民币的反假；缺少机读性能，不利于钞票自动化处理等。凡此种种，都要求我们及时发行新版人民币。

（二）发行券别与版别

第五套人民币的面额结构在前四套人民币的基础上进行了一些调整，取消了 2 角券和 2 元券，增加了 20 元券。这是因为，随着经济的发展，在商品交易中 2 角券和 2 元券的使用频率越来越少，取消这两种券别不但对流通无碍，而且能节省印制费用。随着物价水平的不断提高，在商品交易中 10 元面额的主币逐步承担起找零的角色，相对其他面额的货币来讲，10 元面额票券的使用量较多，致使客观上需要一种介于 10 元与 50 元面额之间的票券担当重任，以满足市场货币流通的需要。因此，为了调整人民币流通结构，完善币制，第五套人民币增加了 20 元券。目前为止，第五套人民币于 1999 年 10 月 1 日、2005 年 8 月 31 日、2015 年 11 月

12 日、2019 年 8 月 30 日、2020 年 11 月 5 日共发行五版，8 种券别，包括 1 元券、5 元券、10 元券、20 元券、50 元券、100 元券 6 种纸币（见表 2－8）和 1 角券、5 角券、1 元券 3 种硬币（见表 2－9）。第五套人民币具体券别与版别样币可登录中国人民银行官网查看。

表 2－8　第五套人民币纸币一览表

券别	主图案		主色调	发行时间
	正面	背面		
1 元纸币	毛泽东头像	西湖	橄榄绿	2004.7.30 2019.8.30
5 元纸币	毛泽东头像	泰山	紫色	2002.11.18 2005.8.31 2020.11.5
10 元纸币	毛泽东头像	长江三峡	蓝黑色	2001.9.1 2005.8.31 2019.8.30
20 元纸币	毛泽东头像	桂林山水	棕色	2000.10.16 2005.8.31 2019.8.30
50 元纸币	毛泽东头像	布达拉宫	绿色	2001.9.1 2005.8.31 2019.8.30
100 元纸币	毛泽东头像	人民大会堂	红色	1999.10.1 2005.8.31 2015.11.12

表 2－9　第五套人民币硬币一览表

券别	主图案		材质	直径	发行时间
	正面	背面			
1 角硬币	行名、面额、拼音、年号	兰花	铝合金	19 毫米	2000.10.16
			不锈钢	19 毫米	2005.8.31
			铝合金	19 毫米	2019.8.30
5 角硬币	行名、面额、拼音、年号	荷花	钢芯镀铜合金	20.5 毫米	2002.11.18
			钢芯镀镍	20.5 毫米	2019.8.30
1 元硬币	行名、面额、拼音、年号	菊花	钢芯镀镍	25 毫米	2000.10.16
				22.25 毫米	2019.8.30

（三）特点

第五套人民币与前四套人民币相比具有如下一些鲜明的特点：第一，第五套人民币是由中国人民银行首次完全独立设计与印制的货币，这说明我国货币的设计印制体系已经成熟，完全有能力在银行系统内完成国币的设计、印制任务，且此套新版人民币经过专家论证，其印制技术已达到国际先进水平。第二，第五套人民币通过有代表性的图案，进一步体现出伟大祖国悠久的历史和壮丽的山河，具有鲜明的民族性。第三，第五套人民币的主景人物、水印、面额数字均较以前放大，尤其是突出阿拉伯数字表示的面额，这样便于群众识别，收到较好的社会效果。第四，第五套人民币应用了先进的科学技术，在防伪性能和适应货币处理现代化方面有了较大提高，可以说，这是一套科技含量较高的人民币。第五，第五套人民币在票幅尺寸上进行了调整，票幅宽度未变，长度缩小。

即测即评 2-2

1. 1999 年 10 月 1 日起，中国人民银行开始发行第五套人民币，其中没有发行（　　）面额钞票。

A. 20 元　　B. 1 元　　C. 2 元　　D. 5 元

2. 第五套人民币 100 元纸币正面主图案和背面主图案分别是（　　）。

A. 毛泽东头像；人民大会堂　　B. 毛泽东头像；桂林山水

C. 毛泽东头像；布达拉宫　　D. 毛泽东头像；壶口瀑布

3. 第五套人民币 50 元纸币正面主图案和背面主图案分别是（　　）。

A. 毛泽东头像；人民大会堂　　B. 毛泽东头像；布达拉宫

C. 毛泽东头像；桂林山水　　D. 毛泽东头像；壶口瀑布

任务二　人民币的防伪技术及鉴别方法

任务分析

本任务的教学重点是第五套人民币不同版本的防伪特征，教学难点是人民币的真假鉴别。

一、人民币的一般防伪措施

（一）纸张防伪

印制人民币用的纸张是特制的纸张，一般称为钞票用纸，简称钞纸。这种纸张主要具有以下一些特征。

1. 纸的质地高超

制造钞纸的原料大多采用纤维较长的棉、麻等植物，这样造出来的纸张光洁坚韧、挺度好、耐磨力强，经久流通时纤维不松散，不易发毛、断裂。钞纸一般带有网纹，或纸面施有塑性涂料或压光等。如果用手拿着钞纸在空中抖动，两手拿着钞纸的两端一松一紧地拉动，或者用手指轻弹钞纸的表面，都会发出清脆的声音。而普通的印刷纸的原料大都是稻草、麦秆等，纸的质地绵软粗糙，韧性和张力不足，极易拉断，如果在空中抖动，它的声音发闷。

2. 无荧光反应

钞纸选用的原材料纯净清洁、不含杂质、白度很高，不添加荧光增白剂，呈自然的洁白色。钞纸在紫外线的光照下，没有荧光反应。而普通的印刷纸一般都要添加荧光增白剂，在紫外线的照射下，就会发出明亮的蓝白荧光。

3. 水印

人民币的钞票用纸较普遍地采用了水印技术。第三套人民币元券以上的钞纸内都有五角星图案的满版水印，其中 10 元券钞纸内采用的是天安门图景的固定水印。第四套人民币的钞票用纸中，10 元券、50 元券和 100 元券采用的是人物图像固定水印，其他的元券以上钞票采用的是古钱图案满版水印。

4. 安全线

人民币的部分钞票用纸，在造纸过程中采取了设置安全线的措施。例如，第四套人民币 1990 年版 50 元券、100 元券在钞票固定的位置上都设置了安全线。日常平视钞票时，是看不见安全线的，而迎光透视钞票时，就可以清楚地看到钞纸内有一条立体感明显的暗色安全线，在票面的表层还可用手触摸到线的部位是隆起的，特别是流通过一个时期的钞票，此特征更为明显。

（二）油墨防伪

印制人民币的油墨是特制的油墨，与普通油墨有很大不同。这种油墨的原材料构成比较复杂，其中颜料、填充料、干燥剂等都是特别制造的。各种原材料的调制和配比都有专门技术。在人民币上使用的防伪油墨，大体有凹印油墨、荧光油墨、磁性油墨、光变油墨等。

针对不同的印刷设备，油墨的调制方法和性能也有所不同。例如，第三套人民币是在凹印机上印刷的，就需要使用附着力强的凹印油墨。这样印出来的钞票画面，油墨在纸上的堆积层比较厚、立体感强，用手触摸会有突出来的感觉。在钞票的不同部位还可以使用不同性能的油墨，就更加强了钞票的防伪功能。

（三）制版技术防伪

1. 人民币票面的设计

采用民族特色图案衬托主景、花符对称、正背面对应、阴阳光线分明，在不同部位上或凹印或凸印、平印错落有致，多种防伪措施和标志布局合理的手法，加之手写银行行名，使伪造者难以一一仿效。

2. 人民币的印刷制版

人民币的印制采用了先进的机器雕刻与手工雕刻相结合的技术。机器雕刻的底纹、团花、网状线极其精细，仿制的难度极大。手工雕刻的每一个图景、图形都是由美术专家绘制、雕刻师精心雕刻的，它们体现了美术专家、雕刻师们各自的独特艺术风格，而这种个人的艺术风格是无法以假乱真的。手工雕刻的凹版是点线排列、疏密相间的，景物的深浅、每一个图案都有各自的特征。如果用放大镜观察，很容易与假钞票相区分。

（四）印刷防伪

1. 多色接线技术

人民币票面各种图案、图形上的线条是由多种颜色组成的，在不同的部位或线段上显示了不同的颜色，而不同颜色线段间的衔接是很自然的，即由一种颜色自然地渐变过渡到另一种颜色，没有重叠、缺口、漏白、错位现象，没有生硬的感觉。这种在一条线上色彩的变换是采用先进的接线技术印刷的。一般的假钞，就算有的线条对接上了，而要想全部对接完好，也几乎是不大可能的。如果使用套印的办法，则色彩变换的过渡就会很不自然，能较容易被发现。

2. 票面底纹的彩虹印刷技术

票面主图的背景部位由各种细线条组成的图案称为底纹。底纹由直线、斜线、波纹线等构成，线条分布均匀，具有一定的规律性。底纹的颜色是由多种颜色印刷的，往往是由一种或几种颜色逐渐自然地过渡到另一种或几种颜色。由于底纹色彩的面积比较大，多种颜色的变换可以呈现出彩虹般的色彩效果。人民币的各种票券都使用了这种特殊印刷技术，使不法分子难以造假。

二、假人民币的类型及特点

假人民币按照其制作方法和手段，可以分为伪造币和变造币两种类型。

（一）伪造币的类型及特点

伪造币是依照人民币真币的用纸、图案、水印、安全线等的原样，运用各种材料、器具、设备、技术手段模仿制造的人民币假币。伪造币根据其伪造的手段不同，可以分为以下类型：

1. 手绘假币

这是按照真币的样子临摹仿绘的假币。这类假币一般质量比较粗劣，但在过去是比较常见的一种假币。它的特点是使用普通的胶版纸或书写纸，颜色则是一般的绘画颜料或广告色，看起来笔调粗细不匀，颜色和图纹与真币差异较大。这类假币较易识别。

2. 蜡印假币

这是手工刻制蜡纸版油印的假币。它的特点是由于刻制蜡版时手法有轻有重，使蜡版漏墨多少不一样，导致颜色深浅不一、很不协调，漏墨过多的地方还易出现油浸现象；又因蜡纸比较柔软，印制中容易使图纹变形。这类假币较易识别。

3. 石印假币

这是用石版和石印机印制的假币。这类假币的质量虽比前述两类假币好一些，但印制效果仍较粗劣。由于石版较硬，容易出现油墨外溢或油浸现象，并且因印版表面不平整，使印出的图纹深浅不一、画面不协调。由于印版刻制不精确，套色印刷也不可能十分准确，从而出现重叠、错位、漏白等问题，因此对其识别也较容易。

4. 手刻凸版假币

这是木质印版印制的假币。它的特点也是质量粗劣。由于木板有天然的木质纹路，纹路与非纹路之处吃墨程度不一样，从而印出的图纹往往也有深有浅，套色也不准确，存在重叠、错位等现象，因此这类假币也较易识别。

5. 拓印假币

这是用真币拓印成的假币。它的图案、花纹等和真币完全一样，但由于它只得到真币上的一部分油墨，因此墨色较浅，画面形态显得单薄，给人以一种膜脆的感觉。真币被拓印后也遭受到一定损坏，有的颜色变浅或图纹模糊不清，又称为被拓印币。若出现大量被拓印人民币，公安部门会立案追查。

6. 复印合成假币

这是利用黑白复印设备制作的假币。这种假币的印制效果比前述各种假币要精细些，但在人民币的各种防假措施面前，它的仿制却无能为力，特别是在纸张、油墨等方面难以乱真，通过一定方法即可予以鉴别。

7. 机制假币

这是利用特制的机器设备伪造的假币。这类假币伪造的效果逼真，一次印制的数量也较多，易于扩散，危害较大。虽然伪造者采用了较高级的设备和真币的个别印制技术，容易以假乱真，但是不可能使用人民币的全部防伪技术，还是存在种种漏洞和伪造的痕迹，通过一定的方法仍能予以鉴别。

8. 彩色复印假币

这是利用彩色复印设备伪造的假币。这种假币的制作需要比较高级的彩色复印设备，一般的伪造者是无法解决的。彩色复印假币在图纹、图景方面较逼真，但在纸张、油墨、凹印等方面与真币有明显区别，通过一定的仪器或高倍显微镜就可以看出它的破绽。

9. 照相假币

这是利用真币照版制作的假币。它是把真币拍摄、冲洗成照片，经过剪贴制作而成的。这种假币的纸张厚脆、易于折断，并且表面有光泽，与真币截然不同，较易识别。

（二）变造币的类型及特点

变造币是指在真币的基础上，利用挖补、揭层、涂改、拼凑、移位、重印等多种方法制作，改变真币原形态的假币。

1. 剪贴假币

剪贴假币是剪贴真币图片制成的假币。这种假币与真币的差别很大，报刊图片的用纸薄而绵软，画册图片的用纸一般较厚而脆硬，并且币面的颜色和大小都不一样，较易识别。

2. 剥离假币

剥离假币是将人民币正、反面分开，使一张人民币变成两张人民币。这种假币如经透光观察，只能看见单面花纹图案，且剥离面粘贴的不透明纸张表面一般较为粗糙。这种假币在蒙混过关时，一般都以折叠形式把真币面露在外面，而把不透明粘贴有纸张的一面藏在里面，如果收款人不加注意，极易被欺骗。

即测即评 2-3

1. 现行流通人民币的纸张在紫外光下（　　）荧光反应。

A. 有　　B. 10 元以下面额的钞票纸有

C. 无　　D. 20 元以下面额的钞票纸有

2. 假币一般分为（　　）两大类。

A. 机制币和手绘币　　B. 伪造币和变造币

C. 复印币和机制币　　D. 复印币和手绘币

3. 伪造币是指（　　）的假币。

A. 采用各种造假手段制作

B. 仿照真币的图案、形状、色彩等采用各种手段制作

C. 用拼凑等手段制作

D. 用挖补等手段制作

4. 鉴别人民币纸币的方法之一是“手摸”，真币表面文字及主要图案有凹凸感，这种凹凸效果产生于（　　）印刷方式。

A. 普通胶印　　B. 雕刻凹版

C. 雕刻凸版　　D. 3D 打印

三、1999 年版第五套人民币的一般防伪特征

（一）1999 年版第五套人民币 100 元纸币的主要特征

1. 票面特征

主色调为红色，票幅长 155 毫米、宽 77 毫米。票面正面主图案为毛泽东头像，其左侧为“中国人民银行”行名、阿拉伯数字“100”、汉字“壹佰圆”和椭圆形花

卉图案，左上角为中华人民共和国国徽，右下角为盲文面额标记，另印有横竖双号码。票面背面主图案为“人民大会堂”，左侧为人民大会堂内圆柱图案，右上方为“中国人民银行”的汉语拼音字母和蒙、藏、维、壮四种民族文字的“中国人民银行”字样和面额。

2. 防伪特征

（1）固定人像水印：位于票面正面左侧空白处，透光观察，可见与主图案人像相同、立体感很强的毛泽东头像水印。

（2）红、蓝彩色纤维：在票面上，可以看到纸张中有不规则分布的红色和蓝色纤维。

（3）磁性缩微文字安全线：纸张中的安全线，透光观察，可见“RMB100”微小文字，仪器检测有磁性。

（4）手工雕刻头像：票面正面主图案毛泽东头像，采用手工雕刻凹版印刷工艺，形象逼真、传神，凹凸感强，易于识别。

（5）隐形面额数字：票面正面右上方有一椭圆形图案，将钞票置于与眼睛平行的位置，面对光源作平行旋转 45°或 90°，即可看到面额“100”字样。

（6）胶印缩微文字：票面正面上方椭圆形图案中，多处印有胶印缩微文字，在放大镜下可以看到“RMB”和“RMB100”字样。

（7）光变油墨面额数字：票面正面左下方有“100”字样，与票面垂直角度观察为绿色，倾斜一定角度则变为蓝色。

（8）阴阳互补对印图案：票面正面左下角和背面右下角均有一圆形局部图案，透光观察，正背面图案重合并组成一个完整的古钱币图案。

（9）雕刻凹版印刷：票面正面主图案毛泽东头像、“中国人民银行”行名、盲文及背面主图案“人民大会堂”等均采用雕刻凹版印刷，用手指触摸有明显凹凸感。

（10）横竖双号码：票面正面采用横竖双号码印刷（均为两位冠字、八位号码）。横号码为黑色，竖号码为蓝色。

（二）1999 年版第五套人民币 50 元纸币的主要特征

1. 票面特征

主色调为绿色，票幅长 150 毫米、宽 70 毫米。票面正面主图案为毛泽东头像，其左侧为“中国人民银行”行名、阿拉伯数字“50”、汉字“伍拾圆”和花卉图案，左上角为中华人民共和国国徽，右下角为盲文面额标记，另印有横竖双号码。票面背面主图案为“布达拉宫”，右上方为“中国人民银行”的汉语拼音字母和蒙、藏、维、壮四种民族文字的“中国人民银行”字样和面额。

2. 防伪特征

（1）固定人像水印：位于票面正面左侧空白处，透光观察，可见与主图案人像相同、立体感很强的毛泽东头像水印。

（2）红、蓝彩色纤维：在票面上，可以看到纸张中有不规则分布的红色和蓝色纤维。

（3）磁性缩微文字安全线：纸张中的安全线，透光观察，可见“RMB50”微小文字，仪器检测有磁性。

（4）手工雕刻头像：票面正面主图案毛泽东头像，采用手工雕刻凹版印刷工艺，形象逼真、传神，凹凸感强，易于识别。

（5）隐形面额数字：票面正面右上方有一装饰图案，将钞票置于与眼睛平行的位置，面对光源作平行旋转45°或90°，即可看到面额“50”字样。

（6）胶印缩微文字：票面正面上方图案中，多处印有胶印缩微文字，在放大镜下可以看到“50”和“RMB50”字样。

（7）光变油墨面额数字：票面正面左下方有“50”字样，与票面垂直角度观察为金色，倾斜一定角度则变为绿色。

（8）阴阳互补对印图案：票面正面左下角和背面右下角均有一圆形局部图案，透光观察，正背面图案重合并组成一个完整的古钱币图案。

（9）雕刻凹版印刷：票面正面主图案毛泽东头像、“中国人民银行”行名、盲文及背面主图案“布达拉宫”等均采用雕刻凹版印刷，用手指触摸有明显凹凸感。

（10）横竖双号码：票面正面采用横竖双号码印刷（均为两位冠字、八位号码）。横号码为黑色，竖号码为蓝色。

（三）1999年版第五套人民币20元纸币的主要特征

1. 票面特征

主色调为棕色，票幅长145毫米、宽70毫米。票面正面主图案为毛泽东头像，其左侧为“中国人民银行”行名、阿拉伯数字“20”、汉字“贰拾圆”和花卉图案，左上角为中华人民共和国国徽，左下方印有双色横号码，右下角为盲文面额标记。票面背面主图案为“桂林山水”，右上方为“中国人民银行”的汉语拼音字母和蒙、藏、维、壮四种民族文字的“中国人民银行”字样和面额。

2. 防伪特征

（1）固定花卉水印：位于票面正面左侧空白处，透光观察，可见立体感很强的荷花水印。

（2）红、蓝彩色纤维：在票面上，可以看到纸张中有不规则分布的红色和蓝色纤维。

（3）安全线：透光观察，钞票纸中有一条明暗相间的安全线。

（4）手工雕刻头像：票面正面主图案毛泽东头像，采用手工雕刻凹版印刷工艺，形象逼真、传神，凹凸感强，易于识别。

（5）隐形面额数字：票面正面右上方有一装饰图案，将钞票置于与眼睛平行的位置，面对光源作平行旋转 45°或 90°，即可看到面额“20”字样。

（6）胶印缩微文字：票面正面右侧和下方及背面图案中，多处印有胶印缩微文字，在放大镜下可以看到“RMB20”字样。

（7）雕刻凹版印刷：票面正面“中国人民银行”行名、面额数字及盲文面额等均采用雕刻凹版印刷，用手指触摸有明显凹凸感。

（8）双色横号码：票面正面采用双色横号码印刷（均为两位冠字、八位号码）。号码左侧部分为红色，右侧部分为黑色。

（四）1999 年版第五套人民币 10 元纸币的主要特征

1. 票面特征

主色调为蓝黑色，票幅长 140 毫米、宽 70 毫米。票面正面主图案为毛泽东头像，其左侧为“中国人民银行”行名、阿拉伯数字“10”、汉字“拾圆”和花卉图案，左上角为中华人民共和国国徽，左下方印有双色横号码，票面右下角为盲文面额标记。票面背面主图案为“长江三峡”，右上方为“中国人民银行”的汉语拼音字母和蒙、藏、维、壮四种民族文字的“中国人民银行”字样和面额。

2. 防伪特征

（1）固定花卉水印：位于票面正面左侧空白处，透光观察，可见立体感很强的月季花水印。

（2）白水印：位于票面正面双色横号码下方，透光观察，可以看到透光性很强的水印“10”字样。

（3）红、蓝彩色纤维：在票面上，可以看到纸张中有不规则分布的红色和蓝色纤维。

（4）全息磁性开窗安全线：票面正面中间偏左，有一条开窗安全线（开窗安全线，指局部埋入纸张中，局部裸露在纸面上的一种安全线），开窗部分可以看到由缩微字符“￥10”组成的全息图案，仪器检测有磁性。

（5）手工雕刻头像：票面正面主图案毛泽东头像，采用手工雕刻凹版印刷工艺，形象逼真、传神，凹凸感强，易于识别。

（6）隐形面额数字：票面正面右上方有一装饰图案，将钞票置于与眼睛平行的位置，面对光源作平行旋转 45°或 90°，即可看到面额“10”字样。

（7）胶印缩微文字：票面正面上方胶印图案中，多处印有缩微文字，在放大镜下可以看到“RMB10”字样。

（8）阴阳互补对印图案：票面正面左下角和背面右下角均有一圆形局部图案，透光观察，正背面图案重合并组成一个完整的古钱币图案。

（9）雕刻凹版印刷：票面正面主图案毛泽东头像、“中国人民银行”行名、面额数字、盲文面额标记和背面主图案“长江三峡”等均采用雕刻凹版印刷，用手指触摸有明显凹凸感。

（10）双色横号码：票面正面采用双色横号码印刷（均为两位冠字、八位号码）。号码左侧部分为红色，右侧部分为黑色。

（五）1999 年版第五套人民币 5 元纸币的主要特征

1. 票面特征

主色调为紫色，票幅长 135 毫米、宽 63 毫米。票面正面主图案为毛泽东头像，其左侧为“中国人民银行”行名、阿拉伯数字“5”、汉字“伍圆”和花卉图案，左上角为中华人民共和国国徽，左下方印有双色横号码，右下角为盲文面额标记。票面背面主图案为“泰山”，右上方为“中国人民银行”的汉语拼音字母和蒙、藏、维、壮四种民族文字的“中国人民银行”字样和面额。

2. 防伪特征

（1）固定花卉水印：位于票面正面左侧空白处，透光观察，可见立体感很强的水仙花水印。

（2）白水印：位于票面正面双色横号码下方，透光观察，可以看到透光性很强的水印“5”字样。

（3）红、蓝彩色纤维：在票面上，可以看到纸张中有不规则分布的红色和蓝色纤维。

（4）全息磁性开窗安全线：票面正面中间偏左，有一条开窗安全线，开窗部分可以看到由缩微字符“￥5”组成的全息图案，仪器检测有磁性。

（5）手工雕刻头像：票面正面主图案毛泽东头像，采用手工雕刻凹版印刷工艺，形象逼真、传神，凹凸感强，易于识别。

（6）隐形面额数字：票面正面右上方有一椭圆形图案，将钞票置于与眼睛平行的位置，面对光源作平行旋转 45°或 90°，即可看到面额“5”字样。

（7）胶印缩微文字：票面正面上方胶印图案中，多处印有缩微文字，在放大镜下可以看到“5”和“RMB5”字样。

（8）雕刻凹版印刷：票面正面主图案毛泽东头像、“中国人民银行”行名、面额数字、盲文面额标记和背面主图案“泰山”等均采用雕刻凹版印刷，用手指触摸有明显凹凸感。

（9）双色横号码：票面正面采用双色横号码印刷（均为两位冠字、八位号码）。号码左侧部分为红色，右侧部分为黑色。

（六）1999 年版第五套人民币 1 元纸币的主要特征

1. 票面特征

主色调为橄榄绿色，票幅长 130 毫米、宽 63 毫米。票面正面主图案为毛泽东头像，其左侧为“中国人民银行”行名、阿拉伯数字“1”、汉字“壹圆”和花卉图案，左上角为中华人民共和国国徽，左下方印有双色横号码，右下角为盲文面额标记。票面背面主图案为“西湖”，右上方为“中国人民银行”的汉语拼音字母和蒙、藏、维、壮四种民族文字的“中国人民银行”字样和面额。

2. 防伪特征

（1）固定花卉水印：位于票面正面左侧空白处，透光观察，可见立体感很强的兰花水印。

（2）手工雕刻头像：票面正面主图案毛泽东头像，采用手工雕刻凹版印刷工艺，形象逼真、传神，凹凸感强，易于识别。

（3）隐形面额数字：票面正面右上方有一装饰图案，将钞票置于与眼睛平行的位置，面对光源作上下倾斜晃动，即可看到面额“1”字样。

（4）胶印缩微文字：票面背面下方胶印图案中，多处印有缩微文字，在放大镜下可以看到“人民币”和“RMB1”字样。

（5）雕刻凹版印刷：票面正面主图案毛泽东头像、“中国人民银行”行名、面额数字、盲文面额标记等均采用雕刻凹版印刷，用手指触摸有明显凹凸感。

（6）双色横号码：票面正面采用双色横号码印刷（均为两位冠字、八位号码）。号码左侧部分为红色，右侧部分为黑色。

（7）凹印手感线：位于票面正面。

（七）1999 年版第五套人民币特征总结

1999 年版第五套人民币特征汇总如表 2 - 10 所示。

表 2 - 10　1999 年版第五套人民币特征汇总表

特征项		100 元	50 元	20 元	10 元	5 元	1 元
票面设计	发行时间	1999.10.1	2001.9.1	2000.10.16	2001.9.1	2002.11.18	2004.7.30
	规格	155 毫米×77 毫米	150 毫米×70 毫米	145 毫米×70 毫米	140 毫米×70 毫米	135 毫米×63 毫米	130 毫米×63 毫米
	主色调	红色	绿色	棕色	蓝黑色	紫色	橄榄绿
	正面主图案	毛泽东头像	毛泽东头像	毛泽东头像	毛泽东头像	毛泽东头像	毛泽东头像
	背面主图案	人民大会堂	布达拉宫	桂林山水	长江三峡	泰山	西湖
公众防伪	固定水印	固定人像水印：毛泽东头像	固定人像水印：毛泽东头像	固定花卉水印：荷花	固定花卉水印：月季花	固定花卉水印：水仙花	固定花卉水印：兰花
	红、蓝彩色纤维	有	有	有	有	有	无
	白水印	无	无	无	10	5	无
	安全线	磁性缩微文字安全线：RMB100	磁性缩微文字安全线：RMB50	明暗相间的安全线	全息磁性开窗安全线：开窗在正面，￥10	全息磁性开窗安全线：开窗在正面，￥5	无
	手工雕刻头像	毛泽东头像	毛泽东头像	毛泽东头像	毛泽东头像	毛泽东头像	毛泽东头像
	隐形面额数字	100	50	20	10	5	1
	胶印缩微文字	RMB、RMB100	50、RMB50	RMB20	RMB10	5、RMB5	人民币、RMB1
	光变油墨面额数字	绿变蓝：100	金变绿：50	无	无	无	无
	胶印互补对印图案	古钱币	古钱币	无	古钱币	无	无

续表

特征项		100 元	50 元	20 元	10 元	5 元	1 元
公众防伪	雕刻凹版印刷	正面国徽、行名、主图案、面额、装饰图案、团花、盲文面额标记、背面主图案、民族文字、凹印缩微文字、年号、行长章	正面国徽、行名、主图案、面额、装饰图案、团花、盲文面额标记、背面主图案、民族文字、凹印缩微文字、年号、行长章	正面国徽、行名、正面主图案、面额、装饰图案、团花、盲文面额标记	正面国徽、行名、主图案、面额、装饰图案、团花、盲文面额标记、背面主图案、民族文字、凹印缩微文字、年号、行长章	正面国徽、行名、主图案、面额、装饰图案、团花、盲文面额标记、背面主图案、民族文字、凹印缩微文字、年号、行长章	正面国徽、行名、正面主图案、面额、装饰图案、团花、凹印手感线、盲文面额标记
	冠字号码	横竖双号码，两位冠字，八位号码，横黑竖蓝	横竖双号码，两位冠字，八位号码，横黑竖红	双色横号码，两位冠字，八位号码，左红右黑	双色横号码，两位冠字，八位号码，左红右黑	双色横号码，两位冠字，八位号码，左红右黑	双色横号码，两位冠字，八位号码，左红右黑
	凹印手感线	无	无	无	无	无	有
专业防伪	胶印接线印刷	有	有	无	有	无	无
	凹印接线印刷	有	有	有	有	有	有
	凹印缩微文字	RMB100、人民币	RMB50、人民币	RMB20	RMB10、人民币	RMB5、人民币	RMB1
	无色荧光油墨印刷图案	100	50	20	10	5	1
	有色荧光油墨印刷图案	橘黄色	黄色	绿色	黄色	绿色	黄色
	无色荧光纤维	黄、蓝	黄、蓝	黄、蓝	黄、蓝	黄、蓝	黄、蓝
	磁性号码	有	有	有	有	有	有
	特种标记	无	无	无	无	无	有
	专用纸张	酸性	酸性	酸性	酸性	酸性	中性
公众防伪		10 项	10 项	8 项	10 项	9 项	7 项
专业防伪		8 项	8 项	7 项	8 项	7 项	8 项

即测即评 2-4

1. 1999 年版第五套人民币的钞纸中有两种有色纤维，这两种纤维的颜色是（　　）。

A. 红色和蓝色　　B. 红色和绿色

C. 绿色和红色　　D. 绿色和蓝色

2. 观察 1999 年版第五套人民币 100 元纸币上的隐形面额数字防伪特征，正确的方法是（　　）。

A. 将票面置于紫外光照射下

B. 将票面面对光源作平行旋转 45°或 90°

C. 将票面置于与眼睛接近平行的位置，面对光源作平行旋转 45°或 90°

D. 透光观察

3. 1999 年版第五套人民币 100 元纸币的安全线施放方式采用（　　）。

A. 全埋式　　B. 开窗式

C. 双安全线式　　D. 光变式

4. 1999 年版第五套人民币 100 元、50 元纸币上的横号码与竖号码应是（　　）。

A. 完全不同的　　B. 完全相同的

C. 字体相同　　D. 颜色相同

5. 1999 年版第五套人民币 100 元纸币安全线上的缩微文字是（　　）。

A. 100　　B. RMB　　C. RMB100　　D. 1999RMB100

6. 1999 年版第五套人民币 100 元纸币的冠字号码颜色是（　　）。

A. 蓝色、黑色　　B. 红色、黑色

C. 红色、蓝色　　D. 红色、绿色

7. 1999 年版第五套人民币 50 元纸币的（　　）有磁性。

A. 横号码　　B. 竖号码

C. 横竖号码　　D. 横竖号码都没

8. 1999 年版第五套人民币 50 元纸币的安全线上的缩微文字是（　　）。

A. RMB50　　B. RMB　　C. 50　　D. 1999RMB50

9. 1999 年版第五套人民币 1 元纸币的固定花卉水印是（　　）图案。

A. 兰花　　B. 荷花

C. 水仙花　　D. 牡丹花

10. 1999 年版第五套人民币各面额纸币的冠字号码均采用____位冠字、____位号码。（　　）

A. 两；八　　B. 两；六　　C. 一；九　　D. 三；七

四、2005 年版第五套人民币的一般防伪特征

（一）2005 年版与 1999 年版第五套人民币的相同之处

（1）2005 年版第五套人民币规格、主图案、主色调、“中国人民银行”行名、面额数字、花卉图案、国徽、盲文面额标记、汉语拼音行名、民族文字等票面特征，均与 1999 年版第五套人民币相同。

（2）2005 年版第五套人民币 100 元、50 元纸币的固定人像水印、手工雕刻头像、胶印缩微文字、雕刻凹版印刷等防伪特征，均与 1999 年版第五套人民币 100 元、50 元纸币相同。

（3）2005 年版第五套人民币 20 元纸币的固定花卉水印、手工雕刻头像、胶印缩微文字、双色横号码等防伪特征，均与 1999 年版第五套人民币 20 元纸币相同。

（4）2005 年版第五套人民币 10 元、5 元纸币的固定花卉水印、白水印、全息磁性开窗安全线、手工雕刻头像、胶印缩微文字、雕刻凹版印刷、双色横号码等防伪特征，均与 1999 年版第五套人民币 10 元、5 元纸币相同。2005 年版第五套人民币 10 元纸币的阴阳互补对印图案，与 1999 年版第五套人民币 10 元纸币相同。

（二）2005 年版与 1999 年版第五套人民币的区别

1. 调整防伪特征布局

2005 年版第五套人民币 100 元、50 元纸币正面左下角胶印对印图案调整到正面主图案左侧中间处，光变油墨面额数字左移至原对印图案处，背面右下角胶印对

印图案调整到背面主图案右侧中间处。

2. 调整的防伪特征

（1）红、蓝彩色纤维：2005 年版第五套人民币取消各券别纸币纸张中的红、蓝彩色纤维。

（2）隐形面额数字：调整隐形面额数字观察角度。票面正面右上方有一装饰性图案，将票面置于与眼睛接近平行的位置，面对光源做上下倾斜晃动，分别可以看到面额数字“100”“50”“20”“10”“5”字样。

（3）全息磁性开窗安全线：将原磁性缩微文字安全线改为全息磁性开窗安全线。2005 年版第五套人民币 100 元、50 元纸币背面中间偏右，有一条全息磁性开窗安全线，开窗部分分别可以看到由缩微字符“￥100”“￥50”组成的全息图案，仪器检测有磁性。2005 年版第五套人民币 20 元纸币正面中间偏左，有一条全息磁性开窗安全线，开窗部分可以看到由缩微字符“￥20”组成的全息图案，仪器检测有磁性。

（4）双色异形横号码：2005 年版第五套人民币 100 元、50 元纸币取消原横竖双号码中的竖号码，将横号码改为双色异形横号码。票面正面左下角印有双色异形横号码，左侧部分为暗红色，右侧为黑色。字符由中间向左右两边逐渐变小。

（5）雕刻凹版印刷：2005 年版第五套人民币 20 元纸币背面主景图案“桂林山水”、面额数字、汉语拼音行名、民族文字、年号、行长章等均采用雕刻凹版印刷，用手指触摸，有明显凹凸感。

3. 增加的防伪特征

（1）白水印：2005 年版第五套人民币 100 元、50 元纸币位于正面双色异形横号码下方，2005 年版第五套人民币 20 元纸币位于正面双色横号码下方，迎光透视，可以看到透光性很强的水印“100”“50”“20”字样。

（2）凹印手感线：票面正面主图案右侧，有一组自上而下规则排列的线纹，采用雕刻凹版印刷工艺印制，用手指触摸，有极强的凹凸感。

（3）阴阳互补对印图案：2005 年版第五套人民币 20 元纸币正面左下角和背面右下角均有一圆形局部图案，迎光透视，可以看到正背面图案合并组成一个完整的古钱币图案。

（4）在 2005 年版第五套人民币各券别纸币背面，主图案下方的面额数字后面增加人民币单位的汉语拼音“YUAN”，年号改为“2005 年”。

（三）2005 年版第五套人民币特征总结

2005 年版第五套人民币特征汇总如表 2－11 所示。

表 2－11　2005 年版第五套人民币特征汇总表

特征项		100 元	50 元	20 元	10 元	5 元
票面设计	发行时间	2005. 8. 31	2005. 8. 31	2005. 8. 31	2005. 8. 31	2005. 8. 31
	规格	155 毫米×77 毫米	150 毫米×70 毫米	145 毫米×70 毫米	140 毫米×70 毫米	135 毫米×63 毫米
	主色调	红色	绿色	棕色	蓝黑色	紫色
	正面主图案	毛泽东头像	毛泽东头像	毛泽东头像	毛泽东头像	毛泽东头像
	背面主图案	人民大会堂	布达拉宫	桂林山水	长江三峡	泰山
公众防伪	固定水印	固定人像水印：毛泽东头像	固定人像水印：毛泽东头像	固定花卉水印：荷花	固定花卉水印：月季花	固定花卉水印：水仙花
	白水印	100	50	20	10	5
	安全线	全息磁性开窗安全线：开窗在背面，￥100	全息磁性开窗安全线：开窗在背面，￥50	全息磁性开窗安全线：开窗在正面，￥20	全息磁性开窗安全线：开窗在正面，￥10	全息磁性开窗安全线：开窗在正面，￥5
	手工雕刻头像	毛泽东头像	毛泽东头像	毛泽东头像	毛泽东头像	毛泽东头像
	隐形面额数字	100	50	20	10	5
	胶印缩微文字	RMB、RMB100	50、RMB50	RMB20	RMB10	5、RMB5
	光变油墨面额数字	绿变蓝：100	金变绿：50	无	无	无
	胶印互补对印图案	古钱币	古钱币	古钱币	古钱币	无

续表

特征项		100 元	50 元	20 元	10 元	5 元
公众防伪	雕刻凹版印刷	正面国徽、行名、主图案、面额、装饰图案、团花、凹印手感线、盲文面额标记、背面主图案、民族文字、凹印缩微文字、年号、行长章	正面国徽、行名、主图案、面额、装饰图案、团花、凹印手感线、盲文面额标记、背面主图案、民族文字、凹印缩微文字、年号、行长章	正面国徽、行名、主图案、面额、装饰图案、团花、凹印手感线、盲文面额标记、背面主图案、民族文字、凹印缩微文字、年号、行长章	正面国徽、行名、主图案、面额、装饰图案、团花、凹印手感线、盲文面额标记、背面主图案、民族文字、凹印缩微文字、年号、行长章	正面国徽、行名、主图案、面额、装饰图案、团花、凹印手感线、盲文面额标记、背面主图案、民族文字、凹印缩微文字、年号、行长章
	冠字号码	双色异形横号码，两位冠字，八位号码，左红右黑	双色异形横号码，两位冠字，八位号码，左红右黑	双色横号码，两位冠字，八位号码，左红右黑	双色横号码，两位冠字，八位号码，左红右黑	双色横号码，两位冠字，八位号码，左红右黑
	凹印手感线	有	有	有	有	有
专业防伪	胶印接线印刷	有	有	有	有	无
	凹印接线印刷	有	有	有	有	有
	凹印缩微文字	RMB100、人民币、100	RMB50、人民币、50	RMB20、人民币、20	RMB10、人民币、10	RMB5、人民币、5
	无色荧光油墨印刷图案	100	50	20	10	5
	有色荧光油墨印刷图案	橘黄色	黄色	绿色	黄色	绿色
	无色荧光纤维	黄、蓝	黄、蓝	黄、蓝	黄、蓝	黄、蓝
	磁性号码	有	有	有	有	有
	特种标记	有	有	有	有	有
	专用纸张	中性	中性	中性	中性	中性
公众防伪		11 项	11 项	10 项	10 项	9 项
专业防伪		9 项	9 项	9 项	9 项	8 项

即测即评 2-5

1. 2005 年版第五套人民币纸币在正面主图案右侧增加了公众防伪特征（　　）。

A. 白水印　　B. 双色异形横号码

C. 凹印手感线　　D. 固定人像水印

2. 2005 年版第五套人民币 10 元、5 元纸币对（　　）公众防伪特征进行了调整。

A. 雕刻凹版印刷　　B. 隐形面额数字

C. 全息磁性开窗安全线　　D. 手工雕刻头像

3. 2005 年版第五套人民币纸币调整了隐形面额数字公众防伪特征的（　　）。

A. 票面位置　　B. 字体　　C. 观察角度　　D. 手工雕刻头像

4. 第五套人民币 5 元纸币的固定花卉水印是（　　）图案。

A. 兰花　　B. 荷花　　C. 水仙花　　D. 牡丹花

5. 2005 年版第五套人民币 20 元、10 元、5 元纸币的冠字号码是（　　）。

A. 双色横号码　　B. 双色异形横号码

C. 横竖双号码　　D. 双色竖号码

6. 2005 年版第五套人民币 100 元、50 元纸币的冠字号码是（　　）。

A. 双色横号码　　B. 双色异形横号码

C. 横竖双号码　　D. 双色竖号码

7. 2005 年版第五套人民币纸币取消了纸张中的（　　）。

A. 固定人像水印　　B. 光变油墨面额数字

C. 红、蓝彩色纤维　　D. 双色横竖号码

8. 2005 年版第五套人民币 100 元、50 元纸币的冠字号码颜色是（　　）。

A. 红色、黑色　　B. 蓝色、黑色　　C. 红色、蓝色　　D. 红色、绿色

9. 2005 年版第五套人民币 100 元纸币背面主图案下方的凹印缩微文字“RMB100”“人民币”做了（　　）的调整。

A. 长度适当缩短　　B. 字体适当缩小

C. 字体适当增大　　D. 长度适当增加

10. 2005 年版第五套人民币 100 元、50 元纸币安全线的防伪措施有（　　）。

A. 全息图案、缩微文字、开窗和荧光　　B. 全息图案、磁性、开窗和荧光

C. 全息图案、缩微文字、开窗和磁性　　D. 全息图案、开窗和磁性

五、2015 年版第五套人民币的一般防伪特征

（一）2015 年版第五套人民币 100 元纸币与 2005 年版第五套人民币 100 元纸币的不同之处

中国人民银行于 2015 年 11 月 12 日发行了 2015 年版第五套人民币 100 元纸币。2015 年版第五套人民币 100 元纸币发行后，与同面额流通人民币等值流通。

2015 年版第五套人民币 100 元纸币在保持 2005 年版第五套人民币 100 元纸币规格、正背面主图案、主色调、“中国人民银行”行名、国徽、盲文面额标记、汉语拼音行名、民族文字等不变的前提下，对部分图案做了适当调整，对整体防伪性能进行了提升。

1. 正面图案主要调整

（1）取消了票面右侧的凹印手感线、隐形面额数字和左下角的光变油墨面额数字。

（2）票面中部增加了光彩光变数字，票面右侧增加了光变镂空开窗安全线和竖号码。

（3）票面右上角面额数字由横排改为竖排，并对数字样式做了调整；中央团花图案中心花卉色彩由橘红色调整为紫色，取消花卉外淡蓝色花环，并对团花图案、接线形式做了调整；胶印对印图案由古钱币图案改为面额数字“100”，并由票面左侧中间位置调整至左下角。

2. 背面图案主要调整

（1）取消了全息磁性开窗安全线和右下角的防复印标记。

（2）减少了票面左右两侧边部胶印图纹，适当留白；胶印对印图案由古钱币图案改为面额数字“100”，并由票面右侧中间位置调整至右下角；面额数字“100”上半部颜色由深紫色调整为浅紫色，下半部由大红色调整为橘红色，并对线纹结构进行了调整；票面局部装饰图案色彩由蓝、红相间调整为紫、红相间；左上角、右上角面额数字样式均做了调整。

（3）年号改为“2015 年”。

（二）2015 年版第五套人民币 100 元纸币主要防伪特征

（1）光变镂空开窗安全线。位于票面正面右侧。垂直票面观察，安全线呈品红色；与票面成一定角度观察，安全线呈绿色；透光观察时，可见安全线中正反交替排列的镂空文字“¥100”。

（2）光彩光变数字。位于票面正面中部。垂直票面观察，数字以金色为主；平视观察，数字以绿色为主。随着观察角度的改变，数字颜色在金色和绿色之间交替变化，并可见到一条亮光带在数字上下滚动。

（3）人像水印。位于票面正面左侧空白处。透光观察时，可见毛泽东头像。

（4）胶印对印图案。票面正面左下方和背面右下方均有面额数字“100”的局部图案。透光观察时，正背面图案组成一个完整的面额数字“100”。

（5）横竖双冠字号码。票面正面左下方采用横号码，其冠字和前两位数字为暗红色，后六位数字为黑色；票面正面右侧竖号码为蓝色。

（6）白水印。位于票面正面横号码下方。透光观察时，可以看到透光性很强的水印面额数字“100”。

（7）雕刻凹版印刷。票面正面毛泽东头像、国徽、“中国人民银行”行名、右上角面额数字、右下角盲文及背面“人民大会堂”均采用雕刻凹印印刷，用手指触摸有明显的凹凸感。

即测即评 2-6

1. 垂直票面观察，2015 年版第五套人民币 100 元纸币上的光彩光变数字，数字以（　　）为主。

A. 金色　　B. 绿色　　C. 蓝色　　D. 红色

2. 2015 年版第五套人民币 100 元纸币对（　　）公众防伪特征进行了调整。

A. 纸币规格　　B. 隐形面额数字

C. 手工雕刻头像　　D. 固定人像水印

3. 2015 年版第五套人民币 100 元纸币固定人像水印位于纸币（　　）。

A. 正面右侧空白处　　B. 背面左侧空白处

C. 正面左侧空白处　　D. 背面右侧空白处

4. 以下属于 2015 年版第五套人民币 100 元纸币的公众防伪特征的是（　　）。

A. 磁性缩微文字安全线　　B. 光变镂空开窗安全线

C. 全息磁性开窗安全线　　D. 磁性全埋安全线

5. 2015 年版第五套人民币 100 元纸币安全线的防伪措施有（　　）。

A. 荧光、缩微文字、磁性　　B. 全息图案、磁性、开窗

C. 光变、镂空文字、开窗　　D. 全埋、缩微文字、磁性

6. 2015 年版第五套人民币 100 元纸币的冠字号码是（　　）。

A. 双色横号码　　B. 双色异形横号码

C. 横竖双号码　　D. 双色竖号码

7. 下列关于 2015 年版第五套人民币 100 元纸币的说法中正确的是（　　）。

A. 胶印对印图案由古钱币图案改为面额数字“100”，并由票面正面左侧中间位置调整至左下角

B. 胶印对印图案由古钱币图案改为面额数字“100”，位置保持不变

C. 胶印对印图案古钱币图案，由票面正面左侧中间位置调整至左下角

D. 胶印对印图案古钱币图案，由票面正面左下角调整至左侧中间位置

8. 下列关于 2015 年版第五套人民币 100 元纸币，说法错误的是（　　）。

A. 保留了票面正面右侧的凹印手感线、盲文面额标记

B. 票面正面中部增加了光彩光变数字，右侧增加了光变镂空开窗安全线和竖号码

C. 取消了隐形面额数字和左下角的光变油墨面额数字

D. 胶印对印图案古钱币图案，由票面正面左侧中间位置调整至左下角

9. 2015 年版第五套人民币 100 元纸币在正面主图案右侧增加了（　　）公众防伪特征。

A. 白水印　　B. 竖号码

C. 凹印手感线　　D. 隐形面额数字

10. 2015 年版第五套人民币 100 元纸币取消了（　　）防伪特征。

A. 凹印手感线　　B. 固定人像水印

C. 胶印对印图案　　D. 白水印

六、2019 年版第五套人民币的一般防伪特征

（一）2019 年版第五套人民币 50 元纸币的主要特征

1. 票面特征

正面：中部面额数字调整为光彩光变面额数字“50”；调整中部装饰团花的样式；左侧增加装饰纹样；调整左侧横号码的样式；调整左侧胶印对印图案的样式；取消左下角光变油墨面额数字；右侧增加动感光变镂空开窗安全线；右侧增加竖号码；调整右侧毛泽东头像的样式；调整右上角面额数字的样式；取消右侧凹印手感线。

背面：调整主图案的样式；调整面额数字的样式；调整胶印对印图案的样式；取消全息磁性开窗安全线；取消右下角局部图案；年号改为“2019 年”。

2. 保持不变的元素

2019 年版第五套人民币 50 元纸币规格、主图案、主色调、“中国人民银行”行名、国徽、盲文面额标记、汉语拼音行名、民族文字等要素，雕刻凹印、白水印等防伪特征，均与 2005 年版第五套人民币 50 元纸币相同。

3. 增加的防伪特征

（1）光彩光变面额数字。位于票面正面中部。改变钞票观察角度，面额数字“50”的颜色在绿色和蓝色之间变化，并可见一条亮光带上下滚动。

（2）动感光变镂空开窗安全线。位于票面正面右侧。改变钞票观察角度，安全线颜色在红色和绿色之间变化，亮光带上下滚动。透光观察可见“￥50”。

4. 调整的防伪特征

（1）人像水印。提升水印清晰度和层次效果。人像水印位于票面正面左侧，透光观察可见毛泽东头像水印。

（2）胶印对印图案。由古钱币对印图案调整为面额数字对印图案。票面正面左下角和背面右下角均有面额数字“50”的局部图案。透光观察，正背面图案组成一个完整的面额数字“50”。

5. 取消的防伪特征

2019 年版第五套人民币 50 元纸币取消了正面左下角光变油墨面额数字、右侧凹印隐形面额数字和手感线图案，以及背面全息磁性开窗安全线。

6. 主要的防伪特征

（1）光彩光变面额数字。位于票面正面中部。改变钞票观察角度，面额数字“50”的颜色在绿色和蓝色之间变化，并可见一条亮光带上下滚动。

（2）动感光变镂空开窗安全线。位于票面正面右侧。改变钞票观察角度，安全线颜色在红色和绿色之间变化，亮光带上下滚动。透光观察可见“￥50”。

（3）雕刻凹印。票面正面主图案毛泽东头像、国徽、“中国人民银行”行名、装饰团花、右上角面额数字、盲文面额标记及背面主图案均采用雕刻凹版印刷，触摸有凹凸感。

（4）人像水印。位于票面正面左侧。透光观察，可见毛泽东头像水印。

（5）白水印。位于票面正面左侧下方。透光观察，可见面额数字“50”。

（6）胶印对印图案。票面正面左下角和背面右下角均有面额数字“50”的局部图案。透光观察，正背面图案组成一个完整的面额数字“50”。

（二）2019 年版第五套人民币 20 元纸币的主要特征

1. 票面特征

正面：中部面额数字调整为光彩光变面额数字“20”；调整中部装饰团花的样式；取消全息磁性开窗安全线；左侧增加装饰纹样；调整左侧横号码的样式；调整左侧胶印对印图案的样式；右侧增加光变镂空开窗安全线；右侧增加竖号码；调整右侧毛泽东头像的样式；调整右上角面额数字的样式；取消右侧凹印手感线。

背面：调整主图案的样式；调整面额数字的样式；调整胶印对印图案的样式；取消右下角局部图案；年号改为“2019 年”。

2. 保持不变的元素

2019 年版第五套人民币 20 元纸币规格、主图案、主色调、“中国人民银行”行名、国徽、盲文面额标记、汉语拼音行名、民族文字等要素，雕刻凹印、白水印等防伪特征，均与 2005 年版第五套人民币 20 元纸币相同。

3. 增加的防伪特征

（1）光彩光变面额数字。位于票面正面中部。改变钞票观察角度，面额数字“20”的颜色在金色和绿色之间变化，并可见一条亮光带上下滚动。

（2）光变镂空开窗安全线。位于票面正面右侧。改变钞票观察角度，安全线颜色在红色和绿色之间变化。透光观察可见“￥20”。

4. 调整的防伪特征

（1）花卉水印。提升水印清晰度和层次效果。花卉水印位于票面正面左侧，透光观察可见花卉图案水印。

（2）胶印对印图案。由古钱币对印图案调整为面额数字对印图案。票面正面左下角和背面右下角均有面额数字“20”的局部图案。透光观察，正背面图案组成一个完整的面额数字“20”。

5. 取消的防伪特征

2019 年版第五套人民币 20 元纸币取消了正面中部全息磁性开窗安全线、右侧凹印隐形面额数字和手感线图案。

6. 主要的防伪特征

（1）光彩光变面额数字。位于票面正面中部。改变钞票观察角度，面额数字“20”的颜色在金色和绿色之间变化，并可见一条亮光带上下滚动。

（2）光变镂空开窗安全线。位于票面正面右侧。改变钞票观察角度，安全线颜色在红色和绿色之间变化。透光观察可见“￥20”。

（3）雕刻凹印。票面正面主图案毛泽东头像、国徽、“中国人民银行”行名、装饰团花、右上角面额数字、盲文面额标记及背面主图案均采用雕刻凹版印刷，触摸有凹凸感。

（4）花卉水印。位于票面正面左侧。透光观察，可见花卉图案水印。

（5）白水印。位于票面正面左侧下方。透光观察，可见面额数字“20”。

（6）胶印对印图案。票面正面左下角和背面右下角均有面额数字“20”的局部图案。透光观察，正背面图案组成一个完整的面额数字“20”。

（三）2019 年版第五套人民币 10 元纸币的主要特征

1. 票面特征

正面：中部面额数字调整为光彩光变面额数字“10”；调整中部装饰团花的样式；取消全息磁性开窗安全线；左侧增加装饰纹样；调整左侧横号码的样式；调整左侧胶印对印图案的样式；右侧增加光变镂空开窗安全线；右侧增加竖号码；调整右侧毛泽东头像的样式；调整右上角面额数字的样式；取消右侧凹印手感线。

背面：调整主图案的样式；调整面额数字的样式；调整胶印对印图案的样式；取消右下角局部图案；年号改为“2019 年”。

2. 保持不变的元素

2019 年版第五套人民币 10 元纸币规格、主图案、主色调、“中国人民银行”行名、国徽、盲文面额标记、汉语拼音行名、民族文字等要素，雕刻凹印、白水印等防伪特征，均与 2005 年版第五套人民币 10 元纸币相同。

3. 增加的防伪特征

（1）光彩光变面额数字。位于票面正面中部。改变钞票观察角度，面额数字“10”的颜色在绿色和蓝色之间变化，并可见一条亮光带上下滚动。

（2）光变镂空开窗安全线。位于票面正面右侧。改变钞票观察角度，安全线颜色在红色和绿色之间变化。透光观察可见“¥10”。

4. 调整的防伪特征

（1）花卉水印。提升水印清晰度和层次效果。花卉水印位于票面正面左侧，透光观察可见花卉图案水印。

（2）胶印对印图案。由古钱币对印图案调整为面额数字对印图案。票面正面左下角和背面右下角均有面额数字“10”的局部图案。透光观察，正背面图案组成一个完整的面额数字“10”。

5. 取消的防伪特征

2019 年版第五套人民币 10 元纸币取消了正面中部全息磁性开窗安全线、右侧凹印隐形面额数字和手感线图案。

6. 主要的防伪特征

（1）光彩光变面额数字。位于票面正面中部。改变钞票观察角度，面额数字“10”的颜色在绿色和蓝色之间变化，并可见一条亮光带上下滚动。

（2）光变镂空开窗安全线。位于票面正面右侧。改变钞票观察角度，安全线颜色在红色和绿色之间变化。透光观察可见“¥10”。

（3）雕刻凹印。票面正面主图案毛泽东头像、国徽、“中国人民银行”行名、装饰团花、右上角面额数字、盲文面额标记及背面主图案均采用雕刻凹版印刷，触摸有凹凸感。

（4）花卉水印。位于票面正面左侧。透光观察，可见花卉图案水印。

（5）白水印。位于票面正面左侧下方。透光观察，可见面额数字“10”。

（6）胶印对印图案。票面正面左下角和背面右下角均有面额数字“10”的局部图案。透光观察，正背面图案组成一个完整的面额数字“10”。

（四）2019 年版第五套人民币 1 元纸币的主要特征

1. 票面特征

正面：调整中部面额数字的样式；调整中部装饰团花的样式；左侧增加装饰纹

样；左侧增加面额数字白水印；调整左侧横号码的样式；取消左下角装饰纹样；调整右侧毛泽东头像的样式；取消右侧凹印手感线。

背面：调整主图案的样式；调整面额数字的样式；取消右下角局部图案；年号改为“2019 年”。

2. 保持不变的元素

2019 年版第五套人民币 1 元纸币规格、主图案、主色调、“中国人民银行”行名、国徽、盲文面额标记、汉语拼音行名、民族文字等要素，雕刻凹印等防伪特征，均与 1999 年版第五套人民币 1 元纸币相同。

3. 增加的防伪特征

2019 年版第五套人民币 1 元纸币增加了白水印，位于票面正面左侧下方。透光观察，可见面额数字“1”。

4. 调整的防伪特征

2019 年版第五套人民币 1 元纸币调整了花卉水印，提升了水印清晰度和层次效果。花卉水印位于票面正面左侧，透光观察可见花卉图案水印。

5. 取消的防伪特征

2019 年版第五套人民币 1 元纸币取消了正面右侧凹印隐形面额数字和手感线图案。

6. 主要的防伪特征

（1）雕刻凹印。票面正面主图案毛泽东头像、国徽、“中国人民银行”行名、装饰团花、右上角面额数字、盲文面额标记等均采用雕刻凹版印刷，触摸有凹凸感。

（2）花卉水印。位于票面正面左侧。透光观察，可见花卉图案水印。

（3）白水印。位于票面正面左侧下方。透光观察，可见面额数字“1”。

即测即评 2-7

1. 2019 年版第五套人民币 10 元纸币相较 2005 年版 10 元纸币，下列说法中正确的是（　　）。

A. 调整了主色调　　B. 调整了票面正面右侧毛泽东头像样式

C. 调整了主图案　　D. 调整了纸币规格

2. 2019 年版第五套人民币 1 元纸币相较 1999 年版 1 元纸币，未调整的是（　　）。

A. 防伪性能　　B. 票面正面右侧毛泽东头像样式

C. 票面正面左侧横号码样式　　D. 纸币规格

3. 2019 年版第五套人民币 20 元纸币票面正面调整了（　　）。

A. 装饰纹样　　B. 面额数字"20"的底纹设计效果

C. 全息磁性开窗安全线　　D. 右上角面额数字的设计样式

4. 2019 年版第五套人民币 20 元纸币相较 2005 年版 20 元纸币，下列说法正确的是（　　）。

A. 取消了全息磁性开窗安全线　　B. 取消了票面正面右下角面额数字

C. 取消了年号　　D. 取消了装饰纹样

5. 2019 年版第五套人民币 50 元纸币相较 2005 年版 50 元纸币，票面正面取消了（　　）。

A. 左下角光变油墨面额数字　　B. 右侧装饰纹样

C. 左侧装饰纹样　　D. 右下角光变油墨面额数字

6. 下列说法中，不属于 2019 年版第五套人民币 50 元纸币防伪特征的是（　　）。

A. 多层次水印　　B. 胶印对印图案

C. 花卉水印　　D. 雕刻凹印

7. 2019 年版第五套人民币 10 元纸币相较 2005 年版 10 元纸币，票面正面取消了（　　）。

A. 装饰纹样　　B. 双色横号码

C. 竖号码　　D. 凹印手感线

8. 下列关于 2019 年版第五套人民币 1 元纸币防伪特征的说法中正确的是（　　）。

A. 花卉水印位于票面正面右侧　　B. 白水印位于票面背面右侧

C. 花卉水印位于票面正面左侧　　D. 白水印位于票面正面右侧

9. 2019 年版第五套人民币 20 元纸币相较 2005 年版 20 元纸币，下列说法中错误的是（　　）。

A. 调整了毛泽东头像位置和尺寸　　B. 增加了装饰纹样

C. 优化了票面结构　　D. 调整了票面规格

10. 中国人民银行定于（　　）发行2019年版第五套人民币。

A. 2019年7月30日起　　B. 2019年8月31日起

C. 2019年7月31日起　　D. 2019年8月30日起

11. 2019年版第五套人民币发行的纸币面额包含（　　）。

A. 50元、20元、10元、1元　　B. 20元、10元、5元、1元

C. 50元、20元、10元、5元　　D. 50元、20元、10元、1角

12. 2019年版第五套人民币20元纸币相较2005年版20元纸币，下列说法正确的是（　　）。

A. 票面正面取消了右下角局部图案并适当留白

B. 票面正面取消了左下角局部图案并适当留白

C. 票面背面取消了右下角局部图案并适当留白

D. 票面背面取消了左下角局部图案并适当留白

13. 下列说法中，属于2019年版第五套人民币1元纸币的公众防伪特征的是（　　）。

A. 光变镂空开窗安全线　　B. 胶印对印图案

C. 白水印　　D. 光彩光变面额数字

（五）2019年版第五套人民币1元硬币的主要特征

1. 币面特征

2019年版第五套人民币1元硬币保持1999年版第五套人民币1元硬币外形、外缘特征、“中国人民银行”行名、汉语拼音面额、人民币单位、花卉图案、汉语拼音行名等要素不变，调整了正面面额数字的造型，背面花卉图案适当收缩。直径由25毫米调整为22.25毫米。正面面额数字“1”轮廓线内增加隐形图文“¥”和“1”，边部增加圆点。材质保持不变。

2. 保持不变的元素

2019年版第五套人民币1元硬币材质、外形、外缘特征、“中国人民银行”行名、汉语拼音面额、人民币单位“元”、菊花图案、汉语拼音行名等要素，均与1999年版第五套人民币1元硬币相同。

3. 增加的元素

（1）隐形图文。正面面额数字“1”轮廓线内增加隐形图文“¥”和“1”。

（2）圆点。正面边部增加圆点，丰富了币面形式美。

4. 调整的元素

（1）面额数字。正面面额数字“1”字体由衬线体调整为无衬线体并稍做倾斜处理。

（2）菊花。背面菊花图案适当收缩。

（3）规格。直径由 25 毫米调整为 22.25 毫米。

5. 主要的防伪特征

（1）隐形图文。在硬币正面面额数字轮廓线内，有一组隐形图文“¥”和“1”。转动硬币，从特定角度可以观察到“¥”，从另一角度可以观察到“1”。

（2）外缘滚字。在硬币外缘的圆柱面，有等距离分布的三组字符“RMB”。

（六）2019 年版第五套人民币 5 角硬币的主要特征

1. 币面特征

2019 年版第五套人民币 5 角硬币保持 1999 年版第五套人民币 5 角硬币外形、外缘特征、“中国人民银行”行名、汉语拼音面额、人民币单位、花卉图案、汉语拼音行名等要素不变，调整了正面面额数字的造型，背面花卉图案适当收缩。材质由钢芯镀铜合金改为钢芯镀镍，色泽由金黄色改为镍白色。正背面内周缘由圆形调整为多边形。直径保持不变。

2. 保持不变的元素

2019 年版第五套人民币 5 角硬币规格、外形、外缘特征、“中国人民银行”行名、汉语拼音面额、人民币单位“角”、荷花图案、汉语拼音行名等要素，均与 1999 年版第五套人民币 5 角硬币相同。

3. 调整的元素

（1）面额数字。正面面额数字“5”字体由衬线体调整为无衬线体并稍做倾斜处理。

（2）荷花。背面荷花图案适当收缩。

（3）材质。材质由钢芯镀铜合金调整为钢芯镀镍，色泽由金黄色改为镍白色。

（4）内缘形状。正、背面内周缘由圆形调整为多边形。

4. 主要的防伪特征

间断丝齿。在硬币外缘的圆柱面，共有六个丝齿段，每个丝齿段有八个齿距相等的丝齿。

（七）2019 年版第五套人民币 1 角硬币的主要特征

1. 币面特征

2019 年版第五套人民币 1 角硬币保持 2005 年版第五套人民币 1 角硬币外形、外缘特征、“中国人民银行”行名、汉语拼音面额、人民币单位、花卉图案、汉语拼音行名等要素不变，调整了正面面额数字的造型，背面花卉图案适当收缩。正面边部增加圆点。直径和材质保持不变。

2. 保持不变的元素

2019 年版第五套人民币 1 角硬币规格、材质、外形、外缘特征、“中国人民银行”行名、汉语拼音面额、人民币单位“角”、兰花图案、汉语拼音行名等要素，均与 2005 年版第五套人民币 1 角硬币相同。

3. 增加的元素

正面边部增加圆点，丰富了币面形式美。

4. 调整的元素

（1）面额数字。正面面额数字“1”字体调整为无衬线体并稍做倾斜处理。

（2）兰花。背面兰花图案适当收缩。

即测即评 2-8

1. 2019 年版第五套人民币 1 元硬币较 1999 年版 1 元硬币，调整了（　　）。

A. 色泽　　　　B. 材质

C. 正面花卉图案　　　　D. 正面面额数字的造型

2. 2019 年版第五套人民币 5 角硬币相较 1999 年版 5 角硬币，下列说法中正确的是（　　）。

A. 正背面内周缘由多边形调整为圆形

B. 直径由 25 毫米调整为 22.25 毫米

C. 直径由22.25毫米调整为25毫米

D. 正背面内周缘由圆形调整为多边形

3. 2019年版第五套人民币5角硬币较1999年版5角硬币，调整了（　　）。

A. 正面花卉图案　B. 外形　C. 直径　D. 色泽

4. 2019年版第五套人民币5角硬币相较1999年版5角硬币，下列说法中错误的是（　　）。

A. 材质由钢芯镀铜合金改为钢芯镀镍

B. 对背面花卉图案做了适当的收缩

C. 色泽由金黄色改为镍白色

D. 正背面内周缘由多边形调整为圆形

5. 2019年版第五套人民币1元硬币相较1999年版1元硬币，下列说法中正确的是（　　）。

A. 边部增加圆点

B. 调整了背面面额数字的造型

C. 对背面花卉图案做了适当的放大

D. 直径由22.25毫米调整为25毫米

6. 2019年版第五套人民币1角硬币相较2005年版1角硬币，下列说法中正确的是（　　）。

A. 调整了背面面额数字的造型　B. 调整了正面面额数字的造型

C. 对正面花卉图案做了适当的收缩　D. 对背面花卉图案做了适当的扩大

7. 下列关于2019年版第五套人民币1元硬币防伪特征的说法正确的是（　　）。

A. 在硬币背面面额数字轮廓线内，有一组隐形图文

B. 在硬币背面面额数字轮廓线内，有三组字符

C. 在硬币正面面额数字轮廓线内，有一组隐形图文

D. 在硬币正面面额数字轮廓线内，有三组字符

8. 2019年版第五套人民币发行的硬币面额包含（　　）。

A. 2元、1元、5角　B. 5元、1元、5角

C. 1元、5角、2角　D. 1元、5角、1角

七、2020 年版第五套人民币的一般防伪特征

中国人民银行于 2020 年 11 月 5 日起发行 2020 年版第五套人民币 5 元纸币。

2020 年版第五套人民币 5 元纸币保持 2005 年版第五套人民币 5 元纸币的规格、主图案、主色调、“中国人民银行”行名、国徽、盲文面额标记、汉语拼音行名、民族文字等要素不变，优化了票面结构层次与效果，提升了整体防伪性能。

正面中部面额数字调整为光彩光变面额数字“5”；左下角和右上角局部图案调整为凹印对印面额数字与凹印对印图案；左侧增加装饰纹样；调整左侧面额数字白水印的位置；调整左侧花卉水印、左侧横号码、中部装饰团花、右侧毛泽东头像的样式。2020 年版第五套人民币 5 元纸币取消了中部全息磁性开窗安全线和右侧凹印手感线。背面左上角和右下角局部图案调整为凹印对印面额数字与凹印对印图案，调整主图案、面额数字的样式，票面年号改为“2020 年”。

任务三 外币认知与鉴别

任务分析

本任务的教学重点是了解主要外币的特征，教学的难点是外币伪钞的鉴别。

外币是指在中华人民共和国境内可存取、兑换的其他国家（地区）流通中的法定货币。从目前来看，我国境内各商业银行挂牌收兑的外币主要有 16 种，分别为：美元、英镑、欧元、日元、港币、澳门元、瑞士法郎、瑞典克朗、丹麦克朗、挪威克朗、加拿大元、新加坡元、澳大利亚元、新西兰元、菲律宾比索、泰国铢。由于外币种类较多，本任务只重点介绍美元、欧元、英镑和日元这 4 种常见外币的防伪知识。

一、美元认知与鉴别

美元是美利坚合众国的法定货币。目前在流通的美元纸币有三类，数量最多的是联邦储备券，其总面额占流通钞票的 99%，其余的 1%是合众国钞票和银币券，它们已停止印刷，只是在市面上偶尔可以看到。美元的国际货币代码为 USD，货

币符号为“＄”。在第二次世界大战以后，欧洲大陆国家与美国达成协议，同意使用美元进行国际支付，此后美元作为储备货币在美国以外的国家或地区广泛使用并最终成为国际货币。

不同种类的美元纸币只要面额相同，其正、背面的主图案就是相同的，但票面上的财政部徽章和冠字号码的颜色是不同的，如联邦储备券上的徽章和冠字号码是绿色，合众国钞票上的是红色，银币券上的是蓝色。本书重点介绍联邦储备券。

（一）美元纸币的票面特征

美元是国际印钞行业公认的设计特征变化最少的钞票之一。虽经多次改版，但不同版别的钞票变化并不大，只是防伪功能得到了不断加强。美元票面尺寸不论面额和版别均为 156 毫米×66.3 毫米。常见美元纸币票面图案见表 2－12，正面主图案为人物头像，主色调为黑色；背面主图案为建筑，主色调为绿色，但不同版别的颜色略有差异，如 1934 年版背面为深绿色，1950 年版背面为草绿色，1963 年版以后各版背面均为墨绿色。

表 2－12　常见美元纸币票面图案一览表

券别	主图案	
	正面	背面
1 美元	乔治・华盛顿头像	美国国徽
2 美元	托马斯・杰斐逊头像	独立宣言签字会场
5 美元	亚伯拉罕・林肯头像	美国林肯纪念堂
10 美元	亚历山大・汉密尔顿头像	美国财政部大楼
20 美元	安德鲁・杰克森头像	美国白宫
50 美元	尤利西斯・格兰特头像	美国国会大楼
100 美元	本杰明・富兰克林头像	美国独立纪念馆

（二）美元纸币的防伪特征

（1）专用纸张：美元的纸张主要是由棉和亚麻纤维制造而成。纸张坚韧、挺括，在紫外光下无荧光反应。

（2）固定人像水印：从 1996 年版起，美元纸张中加入了与票面人物头像图案相同的水印图案。

（3）红、蓝彩色纤维：从 1885 年版起，美元纸张中加入了红、蓝彩色纤维。

从 1885 年版到 1928 年版美元，红、蓝彩色纤维采用定向施放，即红、蓝彩色纤维分布在钞票的正中间，由上至下形成两条狭长条带。1928 年版及以后各版，红、蓝彩色纤维则随机分布在整张钞票中。

（4）安全线：从 1990 年版起，5 美元、10 美元、20 美元、50 美元、100 美元各面额纸币的纸张中加入了一条全埋文字安全线。安全线上印有“USA”及阿拉伯或英文单词面额数字字样。1996 年版 20 美元、50 美元安全线上还增加了美国国旗图案。1996 年版美元的安全线改为荧光安全线，在紫外光下呈现出不同的颜色，5 美元、10 美元、20 美元、50 美元、100 美元安全线分别为蓝、棕、绿、黄和红色。

（5）雕刻凹版印刷：美元正背面的人像、建筑、边框及面额数字等均采用雕刻凹版印刷，用手触摸有明显的凹凸感。1996 年版美元的人像加大，形象也更生动。

（6）凸版印刷：美元纸币上的库印和冠字号码是采用凸版印刷的，在钞票背面的相应部位用手触摸可以感到有凹凸感。

（7）细线印刷：1996 年版美元在正面人像的背景和背面建筑的背景采用细线设计，该设计有很强的防复印效果。

（8）凹印缩微文字：从 1990 年版起，5 美元以上面额纸币的人像边缘中增加了一条由凹印缩微文字组织的环线，缩微文字为“THE UNITED STATES OF AMERICA”。1996 年版 20 美元、100 美元还分别在正面左下角面额数字中增加了“USA 20”和“USA 100”字样缩微文字，50 美元则在正面两侧花边中增加“FIFTY”字样缩微文字。

（9）冠字号码：美元纸币正面均印有两组横号码，颜色为翠绿色。1996 年版以前的美元冠字号码由 1 位冠字、8 位数字和 1 个后缀字母组成，1996 年版美元增加了 1 位冠字，用以代表年号。

（10）光变面额数字：1996 年版 10 美元、20 美元、50 美元、100 美元正面左下角面额数字是用光变油墨印刷的，在与票面垂直角度观察时呈绿色，将钞票倾斜一定角度观察时则变为黑色。

（11）磁性油墨：美元正面凹印油墨带有磁性，使用磁性检测仪可检测出磁性。

（三）美元假钞的种类

从多年来发现的美元假钞来看，美元的制假方式可分为变造和伪造两大类，伪造则又以机制为主。

1. 变造假钞

由于美元各种面额钞票的尺寸和颜色相同，票面图案花纹也较相似，因此有人将真钞的面额数字、年版号等进行涂改，以达到以少制多的目的，常见的变造假钞有以下几种。

（1）改面额。将小面额美元真钞改成大面额的，如常见的是将 1 美元改为 100 美元，将 5 美元改成 50 美元。

（2）涂改年版号。有两种情况：一种是将已停止流通钞票的年版号涂改成流通年版号的，冒充流通钞票进行使用；另一种是将现在流通钞票的年版号改为早期流通钞票的年版号，冒充古钱币牟利。

专业人员只要掌握各版别美元真钞的票面特征，是很容易识别变造假钞的，但变造假钞具有一定的欺骗性。

2. 机制假钞

机制假钞根据伪造的质量可分为普通假钞和精制假钞两种。近几年还出现了电脑打印伪钞。

（1）普通假钞一般采用商业普通纸张和油墨印制，印刷方式多为平版胶印。假钞的纸张、色彩、线纹、手感等与真钞均有明显的区别，相对较容易鉴别。

（2）精制假钞所使用的纸张、油墨、印刷设备及工艺技术等均较为高级，采用凹版印刷。此类假钞仿制逼真，其外观与真钞较为相似，较难分辨，故其危害性也较大。

美元精制假钞从 20 世纪 80 年代末 90 年代初发现以来，已有多种版别，伪造质量越来越高。在我国发现的美元假钞的面额多是 50 美元和 100 美元，其中，又以 100 美元居多。但是，假钞的伪造质量再高，其与真钞相比总有一定的差异，如 1996 年版 100 美元假钞的伪造质量较高，但认真对比、观察，仍可发现与真钞的诸多差异。

（四）美元纸币的鉴别方法

首先要对各版别真钞的票面特征和防伪特征进行全面的了解和熟练的掌握，然后采用直接对比法（眼看、手摸、耳听）和仪器检测法进行鉴别，即通常所谓的“一看、二摸、三听、四测”。

1. 看

（1）看票面的颜色。真钞正面主色调为深黑色，背面为墨绿色（1963 年版以后的），冠字号码和库印为翠绿色，并都带有柔润光泽。假钞颜色相对不够纯正，色泽也较暗淡。

（2）看票面图案、线条的印刷效果。真钞票面图案均由点、线组成，线条清晰、光洁（有些线条有轻微的滋墨现象，属于正常情况），图案层次及人物表情丰富，人物目光有神。假钞线条发虚、发花，有丢点、线的情况，图案缺乏层次，人物表情呆滞、眼睛无神。

（3）看光变面额数字。1996 年版 10 美元以上真钞均采用了光变面额数字，变换观察角度，可看到颜色由绿变黑。假钞有的没有变色效果，有的变色效果不够明显，颜色较真钞也有差异。

（4）透光看纸张、水印和安全线。美元纸张有正方形的网纹，纹路清晰，纸中有不规则分布的红、蓝彩色纤维；1996 年版起美元纸张加入了与票面人物头像图案相同的水印，水印层次丰富，有较强的立体感；1990 年版起 5 美元以上面额纸币中加入了文字安全线，线上文字线条光洁、清晰。假钞有的纸张上没有网纹，有的网纹比较凌乱；水印图案缺乏层次和立体感，安全线上的字线条粗细不匀、字体变形。

2. 摸

（1）摸钞纸。真钞纸张挺括、光滑度适宜，有较好的韧性。而假钞纸张相对绵软，挺度较差，有的偏薄、有的偏厚，光滑度不一。

（2）摸凹印手感。真钞正、背面主图案及边框等均采用凹版印刷，手摸有明显的凹凸感。假钞有的采用平版胶印，手摸无凹印手感；有的即使采用凹版印刷，其版纹比真钞要浅，凹印手感与真钞相比仍有一定的差距。

3. 听

用手抖动或用手指弹动纸张，真钞会发出清脆的声响，假钞的声响则较为沉闷。

4. 测

（1）用放大镜观察凹印缩微文字。从 1990 年版起，5 美元以上面额纸币加印了凹印缩微文字，在放大镜下观察，文字清晰可辨。假钞的缩微文字则较为模糊。

（2）用磁性检测仪检测磁性。真钞的黑色凹印油墨含有磁性材料，用磁性检测仪可检测出磁性。而有的假钞没有磁性，有的假钞的磁性强度与真钞有别。

（3）用紫外光照射票面。真钞纸张无荧光反应，假钞有的有明显的荧光反应；1996 年版美元安全线会有明亮的荧光反应，假钞安全线有的无荧光反应，有的即使有荧光反应，但亮度较暗、颜色不正。

二、欧元认知与鉴别

欧元是 2002 年 1 月 1 日开始发行的，7 月成为欧元区的合法货币，在欧元区成员国流通使用，是欧元区唯一的法定货币。目前欧元纸币共有 7 种面额，分别是 5 欧元、10 欧元、20 欧元、50 欧元、100 欧元、200 欧元和 500 欧元，同时还有 8 种券别的硬币。欧元的国际货币代码为 EUR，货币符号为“€”。

欧元由欧洲中央银行和欧元区成员国的中央银行共同组成的欧洲中央银行系统负责管理，欧洲中央银行总部设在德国的法兰克福，有独立制定货币政策的权力。欧元区成员国的中央银行均参与了欧元纸币和硬币的印制、铸造与发行，并负责欧元区支付系统的运作。

（一）欧元纸币的票面特征

欧元纸币是由奥地利中央银行的罗伯特·卡林纳设计的，主题是“欧洲的时代和风格”，描述了欧洲 7 个历史时期的建筑风格，其中还包含了一系列的防伪特征和各成员国的代表特色。2002 年版欧元纸币票面图案见表 2-13。

表 2-13　2002 年版欧元纸币票面图案一览表

券别	主图案	
	正面	背面
5 欧元	古典建筑	欧洲桥梁和欧洲地图
10 欧元	罗马式建筑	欧洲桥梁和欧洲地图
20 欧元	哥特式建筑	欧洲桥梁和欧洲地图
50 欧元	文艺复兴时期建筑	欧洲桥梁和欧洲地图
100 欧元	巴洛克式、洛可可式建筑	欧洲桥梁和欧洲地图
200 欧元	钢铁、玻璃式建筑	欧洲桥梁和欧洲地图
500 欧元	20 世纪现代建筑	欧洲桥梁和欧洲地图

在纸币的正面，窗户和拱门象征着欧洲的开放和合作。12 颗星星则象征着当代欧洲的活力和融洽。

在纸币的背面，描述了 7 个不同时代的欧洲桥梁和欧洲地图，寓意欧盟各国及欧盟与全世界的紧密合作和交流。

7 种不同券别的纸币采用了不同颜色的主色调，规格也随面值的增大而增大。

除此以外，欧元纸币还有以下主要特征：

（1）用拉丁文和希腊文标明的货币名称。

（2）用5种不同语言文字的缩写形式注明的“欧洲中央银行”名称。

（3）版权保护标识符号。

（4）欧洲中央银行行长签名。

（5）欧盟旗帜。

（二）欧元纸币的防伪特征

欧元纸币采用了多项先进的防伪技术，主要有以下几个方面：

（1）水印：欧元纸币均采用了双水印，即与每一票面主图案相同的门窗图案水印及面额数字白水印。

（2）安全线：欧元纸币采用了全埋黑色安全线，安全线上有欧元名称“EURO”和面额数字。

（3）对印图案：欧元纸币左上角正背面的不规则图形正好互补成面额数字，对接准确、无错位。

（4）雕刻凹版印刷：欧元纸币正面的面额数字、门窗图案、欧洲中央银行缩写及200欧元、500欧元的盲文标记均采用雕刻凹版印刷，摸起来有明显的凹凸感。

（5）珠光油墨印刷图案：5欧元、10欧元、20欧元背面中间用珠光油墨印刷了一个条带，不同角度下可呈现不同的颜色，而且可看到欧元货币符号和面额数字。

（6）全息标识：5欧元、10欧元、20欧元正面右边贴有全息薄膜条，变换角度观察可以看到明亮的欧元货币符号和面额数字；50欧元、100欧元、200欧元、500欧元正面的右下角贴有全息薄膜块，变换角度观察可以看到明亮的主图案和面额数字。

（7）光变面额数字：50欧元、100欧元、200欧元、500欧元背面右下角的面额数字是用光变油墨印刷的，将钞票倾斜一定角度，颜色由紫色变为橄榄绿色。

（8）无色荧光纤维：在紫外光下，可以看到欧元纸张中有红、蓝、绿三色无色荧光纤维。

（9）有色荧光印刷图案：在紫外光下，欧盟旗帜和欧洲中央银行行长签名的蓝色油墨变为绿色，12颗星星由黄色变为橙色，背面的欧洲桥梁和欧洲地图则全变为黄色。

（10）凹印缩微文字：欧元纸币正背面均印有缩微文字，在放大镜下观察，纸币上的缩微文字线条饱满且清晰。

（三）欧元纸币的鉴别方法

识别欧元纸币同样要采用“一看、二摸、三听、四测”的方法。

1. 看

（1）迎光透视。主要观察水印、安全线和对印图案。

（2）晃动观察。主要观察全息标识，还有 5 欧元、10 欧元、20 欧元背面用珠光油墨印刷的条带和 50 欧元、100 欧元、200 欧元、500 欧元背面右下角的光变面额数字。

2. 摸

（1）摸纸张。欧元纸币纸张薄、挺度好，摸起来不滑、密实，在水印部位可以感到有厚薄变化。

（2）摸凹印图案。欧元纸币正面的面额数字、门窗图案、欧洲中央银行缩写及 200 欧元、500 欧元的盲文标记均是采用雕刻凹版印刷的，摸起来有明显的凹凸感。

3. 听

用手抖动纸币，真币会发出清脆的响声。

4. 测

用紫外灯和放大镜等仪器检测欧元纸币的专业防伪特征。在紫外光下，欧元纸币纸张无荧光反应，同时可以看到纸张中有红、蓝、绿三色无色荧光纤维；欧盟旗帜和欧洲中央银行行长签名的蓝色油墨变为绿色；12 颗星星由黄色变为橙色；背面的桥梁和欧洲地图则全变为黄色。

欧元纸币正背面均印有缩微文字，在放大镜下观察，纸币上的缩微文字线条饱满且清晰。

三、英镑认知与鉴别

英镑是英国国家货币和货币单位名称。英镑主要由英格兰银行发行，但亦有其他发行机构。英镑的国际货币代码为 GBP，常用的货币符号是“£”。

英国是世界上最早实行工业化的国家，曾在国际金融业中占统治地位。英镑曾是国际结算业务中的计价结算使用最广泛的货币。第一次世界大战和第二次世界大战以后，英国经济地位不断下降，但由于历史的原因，英国金融业还很发达，英镑在外汇交易结算中还占有很高的地位。目前英镑的流通纸币有 5 英镑、10 英镑、20 英镑和 50 英镑。

（一）英镑纸币的票面特征

5 英镑、10 英镑、20 英镑、50 英镑纸币的主色调不同，所有英镑纸币的正面均为伊丽莎白二世头像，背面则为英国不同历史时期的有关杰出人物头像。常见英镑纸币票面图案见表 2－14。

表 2－14　常见英镑纸币票面图案一览表

券别	主图案		主色调
	正面	背面	
5 英镑	伊丽莎白二世头像	温斯顿・丘吉尔头像	青绿色
10 英镑	伊丽莎白二世头像	简・奥斯汀头像	橙色
20 英镑	伊丽莎白二世头像	威廉・特纳头像	淡紫色
50 英镑	伊丽莎白二世头像	马修・博尔顿头像、詹姆斯・瓦特头像	红色

（二）英镑纸币的防伪特征

1. 专用纸张

英镑纸币均以绵和亚麻共同组成的特殊纸张制成，所有钞票触摸起来手感统一。

2. 水印

迎光透视可见钞票正面、背面显现的伊丽莎白二世头像水印。

3. 安全线

英镑纸币均嵌入开窗式银色金属安全线，迎光透视，安全线为一条全埋式金属安全线，并可见条码水印。50 英镑纸币开窗在正面，其余面值英镑纸币开窗均在背面。

4. 防复印技术

英镑纸币采用了隔色技术和彩虹印刷技术，同时采用了细线印刷。

5. 雕刻凹版印刷

英镑纸币正面伊丽莎白二世头像、英文字母、面额数字等均采用了雕刻凹版印刷，用手触摸有强烈的凹凸感。其中，伊丽莎白二世头像采用了手工雕刻，人物形象生动传神；而“BANK OF ENGLAND”几个英文字母采用了深凹版印刷，用手触摸有明显的浮雕效果。

6. 无色荧光油墨印刷图案

新版英镑纸币正面全息图下方印有无色荧光油墨印刷图案，紫外光下，可见该处有红、绿两色的面额数字。

7. 花纹对接技术

英镑纸币采用了花纹对接技术，钞票折叠后，其两边边角的花纹可以完全结合而形成完整图案。

8. 全息图

新版英镑纸币正面左侧加入了全息图，不同角度可以看到不列颠女神图像或面额数字，图中还印有缩微文字。

（三）英镑纸币的鉴别方法

（1）真钞均有一条特种金属，其颜色分明，有一定的柔韧性，并通过特种加工工艺与纸币票面成一体。

（2）真钞所用纸张特殊，柔韧性能好，吸墨，挺实，薄厚适中，尺寸规矩。

（3）部分英镑纸币上具有三维视觉效果，通过不同的角度可以看到浮雕效果。

四、日元认知与鉴别

日元的纸币称为日本银行券，是日本的法定货币，日元也经常在美元和欧元之后被当作储备货币。日元的货币符号为“¥”，其国际货币代码为 JPY。日元创设于 1871 年 5 月 1 日，目前发行中的纸币有 1 000 日元、2 000 日元、5 000 日元和 10 000 日元，硬币有 1 日元、5 日元、10 日元、50 日元、100 日元和 500 日元。本书主要介绍 2004 年首发版日元纸币。

（一）日元纸币的票面特征

1 000 日元主色调为棕色，票面正面主图案是日本医学家野口英世头像，背面主图案是富士山与樱花。2 000 日元主色调为蓝黑色，票面正面主图案是守礼门，背面主图案是源氏物语绘卷与紫式部。5 000 日元主色调为深紫色，票面正面主图案是日本女作家樋口一叶头像，背面主图案是燕子花。10 000 日元主色调为棕色，票面正面主图案是日本教育家福泽谕吉头像，背面主图案是平等院的凤凰像。常见日元纸币票面图案见表 2－15。

表 2－15　常见日元纸币票面图案一览表

券别	主图案		主色调
	正面	背面	
1 000 日元	野口英世头像	富士山与樱花	棕色
2 000 日元	守礼门	源氏物语绘卷与紫式部	蓝黑色
5 000 日元	樋口一叶头像	燕子花	深紫色
10 000 日元	福泽谕吉头像	平等院的凤凰像	棕色

（二）日元纸币的防伪特征

（1）专用纸张：日元纸币纸张呈淡黄色，含有特有的三桠皮纤维，纸张有非常高的韧性和挺度。

（2）水印：日元纸币的水印图案与正面主图案相同，由于采用了特殊工艺，因此水印清晰度非常高。

（3）雕刻凹版印刷：日元纸币正背面主图案、行名、面额数字等均采用雕刻凹版印刷，线条精细、层次丰富，用手触摸有明显的凹凸感。

（4）凹印缩微文字：日元纸币正背面多处印有“NIPPON GINKO”字样的缩微文字。

（5）盲文标记：日元纸币的盲文标记由圆圈组成，用手触摸有明显的凸起，透光观察时清晰可见。

（6）磁性油墨：日元纸币正背面凹印部位的油墨是带有磁性的，可使用磁性检测仪检测出磁性。

（7）防复印油墨：日元纸币采用了防复印油墨印刷图案，当用彩色复印机复印时，复印出来的颜色与原券颜色明显不同。

（8）光变面额数字：2 000 日元正面右上角的面额数字是用光变油墨印刷的，在与票面垂直角度观察时呈蓝色，倾斜一定角度则变为紫色。

（9）隐形面额数字：2 000 日元正面左下角有一装饰图案，将票面置于与眼睛接近平行的位置，面对光源，作 45°或 90°旋转，可看到面额数字“2000”字样。

（10）珠光油墨：2 000 日元正面左右两侧边分别采用珠光油墨各印刷了一条条带，转换钞票角度可看到有颜色变化。

（11）隐形字母：2 000 日元背面右上角的绿色底纹处印有隐形字母，垂直角度下无法看到，将票面倾斜一定角度即可看到“NIPPON”字样，且前 3 个字母呈蓝绿色，后 3 个字母呈黄色。

（三）日元纸币的鉴别方法

1. 看

（1）看钞票的颜色、图案、花纹及印刷效果。日元真钞正、背面主图案线条精细、层次丰富、立体感强，明亮处和阴影部分过渡自然。

（2）看日元纸张颜色。日元纸张工艺独特，呈淡黄色。

（3）看水印和盲文标记。透光观察，日元纸币水印非常清晰，图案层次丰富，有较强的立体感。同时，也可以清晰地看到盲文标记。

（4）看光变面额数字和隐形图案。从不同角度观察 2 000 日元票面，观察其正面右上角的面额数字是否由蓝色变为紫色，正面左下角的装饰图案中是否有隐形面额数字“2000”字样及背面右上角绿色底纹处是否有隐形字母“NIPPON”字样。

2. 摸

（1）摸纸张，日元纸张韧、挺，摸起来不滑、密实、挺括。

（2）摸凹印图案和盲文标记，有明显的凹凸感。

3. 听

用手抖动纸币，真钞会发出清脆的声响。

4. 测

用紫外灯、放大镜和磁性检测仪等工具检测日元的专业防伪特征。在紫外光下，日元纸张无荧光反应，同时可以看到 2 000 日元正背面的印章有明亮的荧光反应。

日元正背面均印有缩微文字，用放大镜观察，真钞上的缩微文字线条饱满且清晰。

用磁性检测仪检测日元正背面凹印图案是否有磁性反应。

即测即评 2-9

请判断下列说法正误：

1. 1990 年版以后的美元均采用了光变油墨面额数字。（　　）

2. 1996 年版美元各种面额纸币的安全线均在票面同一位置上。（　　）

3. 现行流通的 100 美元纸币背面主图案是国会大厦。（　　）

4. 欧元各面额的纸币票幅规格都是一样的。（　　）

5. 欧元各面额纸币均采用了全息贴膜技术。（　　）

6. 欧元纸币没有采用对印技术。（　　）

7. 现行流通英镑纸币的正面均为伊丽莎白二世头像。（　　）

8. 现行流通的日元纸币最大面额为 10 000 日元。（　　）

9. 各面额日元纸币均采用了光变油墨面额数字。（　　）

10. 鉴别外币真伪时，一般不使用直观对比法（眼看、手摸、耳听），而是直接使用仪器检测。（　　）

任务四　我国货币管理的相关规定

任务分析

本任务的教学重点是货币鉴别及假币收缴、鉴定管理办法，教学难点是残损人民币的挑剔与兑换办法。

一、发现假币的处理

（一）基本概念

为进一步规范反假货币工作有序开展，完善反假货币制度框架，规范金融市场秩序，维护人民币信誉，根据《中华人民共和国中国人民银行法》《中华人民共和国商业银行法》《全国人民代表大会常务委员会关于惩治破坏金融秩序犯罪的决定》《中华人民共和国人民币管理条例》，中国人民银行制定发布了《中国人民银行货币鉴别及假币收缴、鉴定管理办法》（以下简称《管理办法》），自 2020 年 4 月 1 日起施行，《中国人民银行假币收缴、鉴定管理办法》（中国人民银行令〔2003〕第 4 号发布）同时废止。

《管理办法》增设了银行业金融机构货币鉴别义务，加强事前防范管理；同时，强化了中国人民银行对银行业金融机构及相关鉴定单位的假币收缴、鉴定管理，加大了对被收缴人权益的保护力度。

在中华人民共和国境内设立的办理存取款、货币兑换等业务的银行业金融机构（以下简称金融机构）鉴别货币和收缴假币，中国人民银行及其分支机构和其授权的鉴定机构（以下简称鉴定单位）鉴定货币真伪，适用《管理办法》。

根据《管理办法》规定，货币是指人民币和外币。

（1）人民币是指中国人民银行依法发行的货币，包括纸币和硬币。

（2）外币是指在中华人民共和国境内可存取、兑换的其他国家（地区）流通中的法定货币。

（3）假币是指不由国家（地区）货币当局发行，仿照货币外观或者理化特性，足以使公众误辨并可能行使货币职能的媒介。

（4）鉴别是指金融机构在办理存取款、货币兑换等业务过程中，对货币真伪进行判断的行为。

（5）收缴是指金融机构在办理存取款、货币兑换等业务过程中，对发现的假币通过法定程序强制扣留的行为。

（6）鉴定是指被收缴人对被收缴假币的真伪判断存在异议的情况下，鉴定单位根据被收缴人或者收缴假币的金融机构（以下简称收缴单位）提出的申请，对被收缴假币的真伪进行裁定的行为。

（7）误收是指金融机构在办理存取款、货币兑换等业务过程中，将假币作为真币收入的行为。

（8）误付是指金融机构在办理存取款、货币兑换等业务过程中，将假币付出给客户的行为。

个人或者单位主动向中国人民银行分支机构上缴假币的，中国人民银行分支机构予以没收。

（二）货币鉴别

（1）金融机构办理存取款、货币兑换等业务时，应当准确鉴别货币真伪，防止误收及误付。

（2）金融机构在履行货币鉴别义务时，应当采取以下措施：

1）确保在用现金机具的鉴别能力符合国家和行业标准。

2）按照中国人民银行有关规定，负责组织开展机构内反假货币知识与技能培训，对办理货币收付、清分业务人员的反假货币水平进行评估，确保其具备判断和挑剔假币的专业能力。

3）按照中国人民银行有关规定，采集、存储人民币和主要外币冠字号码。

（3）金融机构与客户发生假币纠纷的，若相应存取款、货币兑换等业务的记录在中国人民银行规定的记录保存期限内，金融机构应当提供相关记录。

（4）金融机构误付假币，由误付的金融机构对客户等值赔付。若发生负面舆情，金融机构应当妥善处理并消除不良影响。

（5）金融机构向中国人民银行分支机构解缴的回笼款中夹杂假币的，中国人民银行分支机构予以没收，向解缴单位开具《假人民币没收收据》，并要求其补足等额人民币回笼款。

（6）金融机构确认误收或者误付假币的，应当在3个工作日内向当地中国人民银行分支机构报告，并在上述期限内将假币实物解缴至当地中国人民银行分支机构。金融机构所在地没有中国人民银行分支机构的，由该金融机构向其所在地上一级中国人民银行分支机构报告及解缴假币。

（三）假币收缴

（1）金融机构在办理存取款、货币兑换等业务时发现假币的，应当予以收缴。

（2）金融机构柜面发现假币后，应当由2名以上业务人员当面予以收缴，被收缴人不能接触假币。对假人民币纸币，应当当面加盖“假币”字样的戳记；对假外币纸币及各种假硬币，应当当面以统一格式的专用袋加封，封口处加盖“假币”字样戳记，并在专用袋上标明币种、券别、面额、张（枚）数、冠字号码（如有）、收缴人、复核人名章等细项。收缴单位向被收缴人出具按照中国人民银行统一规范制作的《假币收缴凭证》，加盖收缴单位业务公章，并告知被收缴人如对被收缴的货币真伪判断有异议，可以向鉴定单位申请鉴定。

金融机构在清分过程中发现假币后，应当比照前款假外币纸币及各种假硬币的收缴方式，由2名以上业务人员予以收缴。假币来源为柜面或者现金自助设备收入的，应当确认为误收差错，假币实物依照误收规定处理。

假币收缴应当在监控下实施，监控记录保存期限不得少于3个月。

（3）金融机构在收缴假币过程中有下列情形之一的，应当立即报告当地中国人民银行分支机构和公安机关：

1）一次性发现假币5张（枚）以上和当地中国人民银行分支机构和公安机关发文另有规定的两者较小者。

2）利用新的造假手段制造假币的。

3）获得制造、贩卖、运输、持有或者使用假币线索的。

4）被收缴人不配合金融机构收缴行为的。

5）中国人民银行规定的其他情形。

（4）金融机构应当对收缴的假币实物进行单独管理，并建立假币收缴代保管登记制度，账实分管，确保账实相符。

（5）金融机构应当将收缴的假币每月全额解缴到当地中国人民银行分支机构，不得自行处理。

金融机构所在地没有中国人民银行分支机构的，由其所在地上一级中国人民银行分支机构确定假币解缴单位。

（6）现金自助设备发现可疑币后的处置及相关假币收缴的管理办法另行制定。

（7）被收缴人对收缴单位做出的有关收缴具体行政行为有异议，可以在收到《假币收缴凭证》之日起60日内向直接监管该金融机构的中国人民银行分支机构申请行政复议，或者依法提起行政诉讼。

（四）假币鉴定

（1）被收缴人对被收缴货币的真伪有异议的，可以自收缴之日起3个工作日内，持《假币收缴凭证》直接或者通过收缴单位向当地鉴定单位提出书面鉴定申请。鉴定单位应当即时回复能否受理鉴定申请，不得无故拒绝。

鉴定单位应当无偿提供鉴定服务，鉴定后应当出具按照中国人民银行统一规范制作的《货币真伪鉴定书》，并加盖货币鉴定专用章和鉴定人名章。

（2）鉴定单位鉴定时，应当至少有2名具备货币真伪鉴定能力的专业人员参与，并做出鉴定结论。

（3）鉴定单位应当自收到鉴定申请之日起2个工作日内，通知收缴单位报送待鉴定货币。

收缴单位应当自收到鉴定单位通知之日起2个工作日内，将待鉴定货币送达鉴定单位。

（4）鉴定单位应当自受理鉴定之日起15个工作日内完成鉴定并出具《货币真伪鉴定书》。因情况复杂不能在规定期限内完成的，可以延长至30个工作日，但应当以书面形式向收缴单位或者被收缴人说明原因。

（5）对盖有“假币”字样戳记的人民币纸币，经鉴定为真币的，由鉴定单位交收缴单位按照面额兑换完整券退还被收缴人，并收回《假币收缴凭证》，盖有“假币”戳记的人民币按不宜流通人民币处理；经鉴定为假币的，由鉴定单位予以没收，并向收缴单位和被收缴人开具《货币真伪鉴定书》和《假人民币没收收据》。

对收缴的外币纸币和各种硬币，经鉴定为真币的，由鉴定单位交收缴单位退还被收缴人，并收回《假币收缴凭证》；经鉴定为假币的，由鉴定单位将假币退回收缴单位依法收缴，并向收缴单位和被收缴人出具《货币真伪鉴定书》。

（6）鉴定单位应当具备以下条件：

1）具有 2 名以上具备货币真伪鉴定能力的专业人员。

2）满足鉴定需要的货币分析技术条件。

3）具有固定的货币真伪鉴定场所。

4）中国人民银行要求的其他条件。

（7）鉴定单位应当公示鉴定业务范围。中国人民银行及其分支机构应当公示授权的鉴定机构名录。中国人民银行及其分支机构授权的鉴定机构应当公示授权证书。

（8）被收缴人对中国人民银行及其分支机构授权的鉴定机构做出的鉴定结果有异议，可以在收到《货币真伪鉴定书》之日起 60 日内向鉴定机构所在地的中国人民银行分支机构申请再鉴定。

被收缴人对中国人民银行分支机构做出的鉴定结果有异议，可以在收到《货币真伪鉴定书》之日起 60 日内向中国人民银行分支机构的上一级机构申请再鉴定。

（五）监督管理

（1）中国人民银行负责组织制定、实施现金机具鉴别能力管理、反假货币培训管理、金融机构冠字号码数据信息管理、假币收缴鉴定等的制度规范。

中国人民银行及其分支机构有权对金融机构执行本办法的情况开展监督检查。

（2）金融机构应当按照《中华人民共和国人民币管理条例》和办法的相关规定，建立货币鉴别及假币收缴、鉴定内部管理制度和操作规范。

（3）金融机构应当按照中国人民银行有关规定，对现金机具、人员培训、冠字号码以及假币收缴鉴定业务等进行数据管理，并将相关数据报送中国人民银行或其分支机构。

（4）金融机构应当定期对《管理办法》及相关内部管理制度和操作规范的执行情况进行自查，并接受中国人民银行及其分支机构的检查。

（六）法律责任

（1）金融机构开展货币鉴别和假币收缴，中国人民银行及其分支机构授权的鉴定机构开展假币鉴定业务，有下列行为之一，但尚未构成犯罪，涉及假人民币的，按照《中华人民共和国人民币管理条例》第四十四条的规定予以处罚；涉及假外币的，处以 1 000 元以上 3 万元以下的罚款：

1）在用现金机具鉴别能力不符合国家和行业标准的。

2）未按《管理办法》规定组织开展机构内反假货币知识与技能培训，未按《管理办法》规定对办理货币收付、清分业务人员的反假货币水平进行评估，或者办理货币收付、清分业务人员不具备判断和挑剔假币专业能力的。

3）未按《管理办法》规定采集、存储人民币和主要外币冠字号码的。

4）未按《管理办法》规定建立货币鉴别及假币收缴、鉴定内部管理制度和操作规范的。

5）发生假币误付行为的。

6）与客户发生假币纠纷，在记录保存期限内，金融机构未能提供相应存取款、货币兑换等业务记录的。

7）发现假币而不收缴的。

8）未按《管理办法》规定收缴假币的。

9）未按《管理办法》规定将假币解缴中国人民银行分支机构的。

10）违反《管理办法》规定，应当向公安机关报告而不报告的。

11）无故拒绝受理收缴单位或者被收缴人提出的货币真伪鉴定申请的。

12）未按《管理办法》规定鉴定货币真伪的。

13）不当保管、截留或者私自处理假币，或者使已收缴、没收的假币重新流入市场的。

（2）金融机构开展货币鉴别和假币收缴，中国人民银行及其分支机构授权的鉴定机构开展假币鉴定业务，有下列行为之一，但尚未构成犯罪，涉及假人民币的，按照《中华人民共和国中国人民银行法》第四十六条的规定予以处罚；涉及假外币的，处以 1 000 元以上 3 万元以下的罚款：

1）发生假币误收行为的。

2）误付假币，未对客户等值赔付，或者对负面舆情处置不力造成不良影响的。

3）误收、误付假币，应当向中国人民银行分支机构报告而不报告的。

4）违反《管理办法》规定，应当向中国人民银行分支机构报告而不报告的。

5）向中国人民银行分支机构解缴的回笼款中夹杂假币的。

6）未按《管理办法》规定对现金机具、人员培训、冠字号码以及假币收缴鉴定业务等进行数据管理，并报送中国人民银行或其分支机构的。

7）未公示鉴定机构授权证书或者鉴定业务范围的。

（3）拒绝、阻挠、逃避中国人民银行及其分支机构检查，或者谎报、隐匿、销毁相关证据材料的，有关法律、行政法规有处罚规定的，依照其规定给予处罚；有关法律、行政法规未做处罚规定的，由中国人民银行及其分支机构予以警告，并处5 000元以上3万元以下的罚款。

（4）中国人民银行及其分支机构工作人员有下列行为之一，但尚未构成犯罪的，对直接负责的主管人员和直接责任人员，依法给予行政处分：

1）无故拒绝受理收缴单位、被收缴人或者中国人民银行及其分支机构授权的鉴定机构提出的货币真伪鉴定申请的。

2）未按《管理办法》规定鉴定假币的。

3）不当保管、截留或者私自处理假币，或者使已收缴、没收的假币重新流入市场的。

即测即评 2-10

1. 鉴定单位应当自收到鉴定申请之日起（　　）个工作日内，通知收缴单位报送待鉴定货币。

A. 2　　B. 3　　C. 4　　D. 7

2. 收缴单位应当自收到鉴定单位通知之日起（　　）个工作日内，将待鉴定货币送达鉴定单位。

A. 5　　B. 2　　C. 7　　D. 9

3.《中国人民银行货币鉴别及假币收缴、鉴定管理办法》中所称货币是指（　　）。

A. 人民币和外币　　B. 人民币纸币和硬币

C. 人民币纸币和外币纸币　　D. 人民币主币和辅币

4. 依照《中国人民银行货币鉴别及假币收缴、鉴定管理办法》，（　　）对假币收缴、鉴定实施监督管理。

A. 中国人民银行总行　　B. 金融机构

C. 中国人民银行及其分支机构　　D. 中国人民银行分支机构

5.《中国人民银行货币鉴别及假币收缴、鉴定管理办法》所称外币是指在（　　）。

A. 其他国家或地区流通的法定货币

B. 自由兑换货币和特别提款权

C. 中华人民共和国境内可存取、兑换的其他国家（地区）流通中的法定货币

D. 其他国家的法定货币

6. 鉴定单位鉴定时，应当至少有（　　）名具备货币真伪鉴定能力的专业人员参与，并做出鉴定结论。

A. 2　　B. 3　　C. 4　　D. 7

7. 金融机构柜面发现假币后，应当由（　　）名以上业务人员当面予以收缴，被收缴人不能接触假币。

A. 2　　B. 3　　C. 4　　D. 7

8. 金融机构收缴假币时，对（　　），应当当面以统一格式的专用袋加封，封口处加盖“假币”字样戳记。

A. 假纸币和假硬币

B. 假外币纸币及各种假硬币

C. 各种假硬币

D. 假纸币

9. 假币收缴应当在监控下实施，监控记录保存期限不得少于（　　）个月。

A. 1　　B. 2　　C. 3　　D. 6

10. 我国管理人民币的主管机关是（　　）。

A. 财政部　　B. 中国人民银行

C. 国务院　　D. 中央政府

11. 收缴单位向被收缴人出具按照中国人民银行统一规范制作的（　　），加盖收缴单位业务公章。

A.《假币没收凭证》　　B.《假币收缴凭证》

C.《假币鉴定凭证》　　D.《假币鉴别凭证》

12. 金融机构应当将收缴的假币（　　）全额解缴到当地中国人民银行分支机构，不得自行处理。

A. 每月　　B. 每季

C. 每半年　　D. 每年

13. 中国人民银行分支机构和中国人民银行授权的鉴定机构应当（　　）提供鉴定货币真伪的服务。

A. 收取被鉴定货币总额1%的手续费

B. 鉴定一次收取手续费5元

C. 收取被鉴定货币总额0.1%的手续费

D. 无偿

14. 中国人民银行授权的鉴定机构，应当在营业场所公示（　　）。

A. 中国人民银行授权证书　　B. 反假货币上岗资格证书

C. 反假货币鉴定资格证书　　D. 货币鉴定资格证书

15. 被收缴人对被收缴货币的真伪有异议的，可以自收缴之日起3个工作日内，持（　　）直接或者通过收缴单位向当地鉴定单位提出书面鉴定申请。

A. 假币实物　　B.《货币真伪鉴定书》

C.《假币收缴凭证》　　D.《假币没收凭证》

二、残缺、污损人民币的兑换

（一）基本概念

为维护人民币信誉，保护国家财产安全和人民币持有人的合法权益，确保人民币正常流通，根据《中华人民共和国中国人民银行法》和《中华人民共和国人民币管理条例》，中国人民银行制定了《中国人民银行残缺污损人民币兑换办法》，并于2004年2月1日起施行。

残缺、污损人民币是指票面撕裂、损缺，或因自然磨损、侵蚀，外观、质地受损，颜色变化，图案不清晰，防伪特征受损，不宜再继续流通使用的人民币。中国人民银行依照《中国人民银行残缺污损人民币兑换办法》对残缺、污损人民币的兑换工作实施监督管理。

（二）残缺、污损人民币兑换标准

《中国人民银行残缺污损人民币兑换办法》规定，凡办理人民币存取款业务的金融机构（以下简称金融机构）应无偿为公众兑换残缺、污损人民币，不得拒绝兑换。

残缺、污损人民币兑换分为“全额”“半额”两种情况。

（1）能辨别面额，票面剩余四分之三（含四分之三）以上，其图案、文字能按原样连接的残缺、污损人民币，金融机构应向持有人按原面额全额兑换。

（2）能辨别面额，票面剩余二分之一（含二分之一）至四分之三以下，其图案、文字能按原样连接的残缺、污损人民币，金融机构应向持有人按原面额的一半兑换。

（3）纸币呈正十字形缺少四分之一的，按原面额的一半兑换。

（4）兑付额不足一分的，不予兑换；五分按半额兑换的，兑付二分。

（三）金融机构办理残缺、污损人民币兑换业务的程序

（1）金融机构在办理残缺、污损人民币兑换业务时，应向残缺、污损人民币持有人说明认定的兑换结果。残缺、污损人民币持有人同意金融机构认定结果的，对兑换的残缺、污损人民币纸币，金融机构应当面将带有本行行名的“全额”或“半额”戳记加盖在票面上；对兑换的残缺、污损人民币硬币，金融机构应当面使用专用袋密封保管，并在袋外封签上加盖“兑换”戳记。

（2）不予兑换的残缺、污损人民币，金融机构应退回原持有人。

（3）残缺、污损人民币持有人对金融机构认定的兑换结果有异议的，经持有人要求，金融机构应出具认定证明并退回该残缺、污损人民币。

（4）持有人可凭认定证明到中国人民银行分支机构申请鉴定，中国人民银行应自申请日起5个工作日内做出鉴定并出具鉴定书。持有人可持中国人民银行的鉴定书及可兑换的残缺、污损人民币到金融机构进行兑换。

（5）金融机构应按照中国人民银行的有关规定，将兑换的残缺、污损人民币交存当地中国人民银行分支机构。

（四）特殊残缺、污损人民币兑换办法

特殊残缺、污损人民币是指票面因火灾、虫蛀、鼠咬、霉烂等特殊原因，造成外观、质地、防伪特征受损，纸质炭化、变形，图案不清晰，不宜再继续流通使用

的人民币。特殊残缺、污损人民币兑换流程如图 2－2 所示。

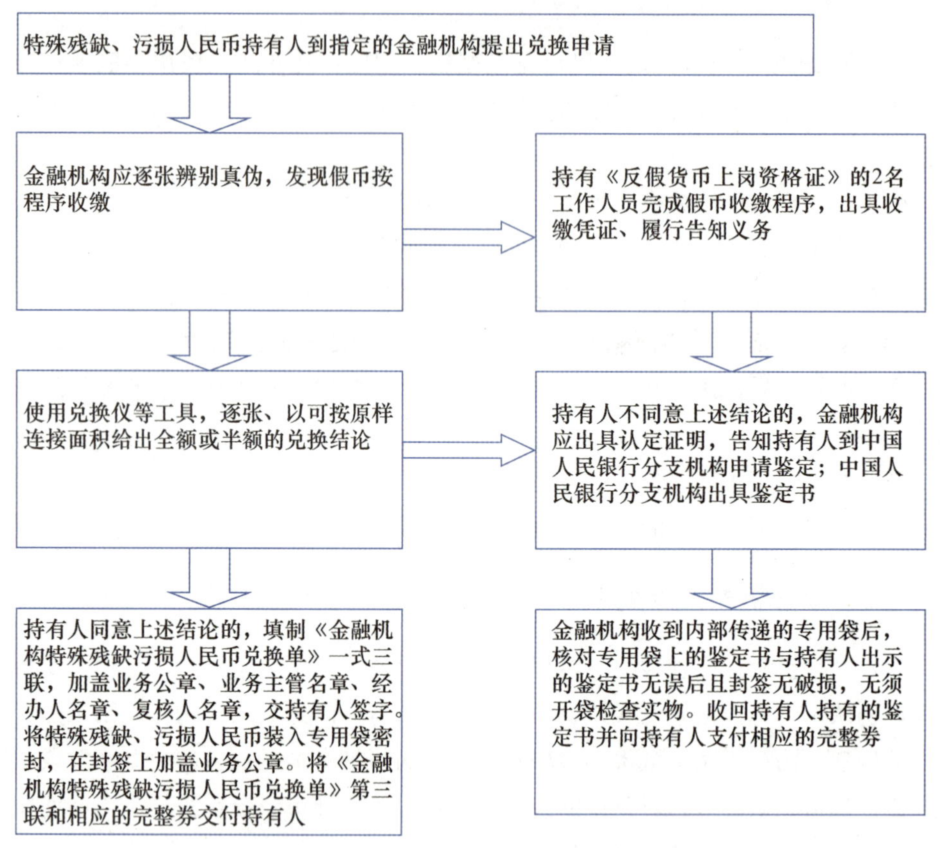

图 2－2　特殊残缺、污损人民币兑换流程

即测即评 2-11

1. 关于《中国人民银行残缺污损人民币兑换办法》，下列不正确的一项是（　　）。

A. 能辨别面额，票面剩余四分之三（含四分之三）以上，其图案、文字能按原样连接的残缺、污损人民币，金融机构应向持有人按原面额全额兑换

B. 能辨别面额，票面剩余二分之一（含二分之一）至四分之三以下，其图案、文字能按原样连接的残缺、污损人民币，金融机构应向持有人按原面额的一半兑换

C. 纸币呈正十字形缺少四分之一的，按原面额全额兑换

D. 纸币呈正十字形缺少四分之一的，按原面额的一半兑换

2. 兑换残缺、污损人民币时，能辨别面额，票面剩余二分之一（含二分之一）至四分之三以下，其图案、文字能按原样连接的残缺、污损人民币，金融机构应向持有人按原面额的（　　）兑换。

A. 全额　　B. 一半

C. 不予兑换　　D. 四分之三

3. 金融机构在办理残缺、污损人民币兑换业务时，发现票面四分之三为真币，其他四分之一为假币的人民币，应（　　）。

A. 按假币收缴程序没收　　B. 退回原持有人

C. 全额兑换　　D. 按原面额四分之三兑换

4. 对于兑换残缺、污损人民币，能辨别面额，票面剩余（　　）以上，其图案、文字能按原样连接的残缺、污损人民币，金融机构应向持有人按原面额全额兑换。

A. 四分之三（含四分之三）　　B. 三分之二（含三分之二）

C. 五分之三（含五分之三）　　D. 二分之一（含二分之一）

5. 残损人民币销毁权属于（　　）。

A. 中国人民银行　　B. 商业银行

C. 造币厂　　D. 金融机构

6. 金融机构对不予兑换的残缺、污损人民币，应（　　）。

A. 退回原持有人　　B. 由金融机构留存

C. 上缴中国人民银行　　D. 当场销毁

7. 个人（　　）将大面额人民币兑换成小面额人民币。

A. 可以到办理人民币存取款业务的金融机构

B. 可以到中国人民银行货币发行部门

C. 可以到任何金融机构

D. 可以到中国人民银行各分支机构

8. 公众持有的残缺、污损的人民币应到（　　）兑换。

A. 中国人民银行

B. 中国人民银行指定的金融机构

C. 所有办理人民币存取款业务的金融机构

D. 中国人民银行各分支机构

9. 凡办理人民币存取款业务的金融机构应（　　）为公众兑换残缺、污损人民币，不得拒绝兑换。

A. 无偿　　B. 按面值的5%收取兑换费用

C. 按面值的10%收取兑换费用　　D. 按面值的1%收取兑换费用

10. 纸币呈正十字形缺少四分之一的，（　　）兑换。

A. 按原面额的全额　　B. 按原面额的一半

C. 不予　　D. 按原面额的四分之三

11. 残缺、污损人民币持有人对金融机构认定的兑换结果有异议的，经持有人要求，金融机构应出具认定证明并（　　）该残缺、污损人民币。

A. 没收　　B. 按持有人要求兑换

C. 退回　　D. 当场销毁

12. 残缺、污损人民币持有人对金融机构认定的兑换结果有异议的，持有人可凭金融机构认定证明到中国人民银行分支机构申请鉴定，中国人民银行应自申请日起（　　）个工作日内做出鉴定并出具鉴定书。

A. 3　　B. 5　　C. 7　　D. 10

※ 模块小结

任务一　人民币认知	
第一套人民币认知	发行背景；发行券别与版别；特点
第二套人民币认知	发行背景；发行券别与版别；特点
第三套人民币认知	发行背景；发行券别与版别；特点
第四套人民币认知	发行背景；发行券别与版别；特点
第五套人民币认知	发行背景；发行券别与版别；特点
任务二　人民币的防伪技术及鉴别方法	
人民币的一般防伪措施	纸张防伪；油墨防伪；制版技术防伪；印刷防伪

<table>
<tr><td rowspan="2">假人民币的类型及特点</td><td>伪造币的类型及特点</td><td>手绘假币；蜡印假币；石印假币；手刻凸版假币；拓印假币；复印合成假币；机制假币；彩色复印假币；照相假币</td></tr>
<tr><td>变造币的类型及特点</td><td>剪贴假币；剥离假币</td></tr>
<tr><td rowspan="7">1999 年版第五套人民币的一般防伪特征</td><td>1999 年版第五套人民币 100 元纸币的主要特征</td><td>票面特征；防伪特征</td></tr>
<tr><td>1999 年版第五套人民币 50 元纸币的主要特征</td><td>票面特征；防伪特征</td></tr>
<tr><td>1999 年版第五套人民币 20 元纸币的主要特征</td><td>票面特征；防伪特征</td></tr>
<tr><td>1999 年版第五套人民币 10 元纸币的主要特征</td><td>票面特征；防伪特征</td></tr>
<tr><td>1999 年版第五套人民币 5 元纸币的主要特征</td><td>票面特征；防伪特征</td></tr>
<tr><td>1999 年版第五套人民币 1 元纸币的主要特征</td><td>票面特征；防伪特征</td></tr>
<tr><td colspan="2">1999 年版第五套人民币特征总结</td></tr>
<tr><td>2005 年版第五套人民币的一般防伪特征</td><td colspan="2">2005 年版与 1999 年版第五套人民币的相同之处；2005 年版与 1999 年版第五套人民币的区别；2005 年版第五套人民币特征总结</td></tr>
<tr><td rowspan="2">2015 年版第五套人民币的一般防伪特征</td><td>2015 年版第五套人民币 100 元纸币与 2005 年版第五套人民币 100 元纸币的不同之处</td><td>正面图案主要调整；背面图案主要调整</td></tr>
<tr><td>2015 年版第五套人民币 100 元纸币主要防伪特征</td><td>光变镂空开窗安全线；光彩光变数字；人像水印；胶印对印图案；横竖双冠字号码；白水印；雕刻凹版印刷</td></tr>
<tr><td rowspan="4">2019 年版第五套人民币的一般防伪特征</td><td>2019 年版第五套人民币 50 元纸币的主要特征</td><td>票面特征；保持不变的元素；增加的防伪特征；调整的防伪特征；取消的防伪特征；主要的防伪特征</td></tr>
<tr><td>2019 年版第五套人民币 20 元纸币的主要特征</td><td>票面特征；保持不变的元素；增加的防伪特征；调整的防伪特征；取消的防伪特征；主要的防伪特征</td></tr>
<tr><td>2019 年版第五套人民币 10 元纸币的主要特征</td><td>票面特征；保持不变的元素；增加的防伪特征；调整的防伪特征；取消的防伪特征；主要的防伪特征</td></tr>
<tr><td>2019 年版第五套人民币 1 元纸币的主要特征</td><td>票面特征；保持不变的元素；增加的防伪特征；调整的防伪特征；取消的防伪特征；主要的防伪特征</td></tr>
</table>

2019年版第五套人民币的一般防伪特征	2019年版第五套人民币1元硬币的主要特征	币面特征；保持不变的元素；增加的元素；调整的元素；主要的防伪特征
	2019年版第五套人民币5角硬币的主要特征	币面特征；保持不变的元素；调整的元素；主要的防伪特征
	2019年版第五套人民币1角硬币的主要特征	币面特征；保持不变的元素；增加的元素；调整的元素
2020年版第五套人民币的一般防伪特征		
任务三　外币认知与鉴别		
美元认知与鉴别	美元纸币的票面特征；美元纸币的防伪特征；美元假钞的种类；美元纸币的鉴别方法	
欧元认知与鉴别	欧元纸币的票面特征；欧元纸币的防伪特征；欧元纸币的鉴别方法	
英镑认知与鉴别	英镑纸币的票面特征；英镑纸币的防伪特征；英镑纸币的鉴别方法	
日元认知与鉴别	日元纸币的票面特征；日元纸币的防伪特征；日元纸币的鉴别方法	
任务四　我国货币管理的相关规定		
发现假币的处理	基本概念；货币鉴别；假币收缴；假币鉴定；监督管理；法律责任	
残缺、污损人民币的兑换	基本概念；残缺、污损人民币兑换标准；金融机构办理残缺、污损人民币兑换业务的程序；特殊残缺、污损人民币兑换办法	

※ 模块测评

一、单项选择题

1. 我国第一套人民币共有____种券别、____种版别。（　　）

A. 9；65　　B. 10；63　　C. 12；62　　D. 12；66

2. 第一套人民币于（　　）全面停止流通。

A. 1959年12月1日　　B. 1960年1月1日

C. 1955年5月10日　　D. 1960年10月1日

3. 第五套人民币纸币正面主图案毛泽东头像，采用（　　）印刷工艺，形象逼真、传神，凹凸感强，易于识别。

A. 机器雕刻凹版　　B. 机器雕刻凸版

B. 手工雕刻凸版　　D. 手工雕刻凹版

4. 第四套人民币 10 元纸币的水印图案是（　　）。

A. 古钱满版水印　　B. 农民头像固定水印

C. 工人头像固定水印　　D. 水仙花固定水印

5. 2015 年版第五套人民币 100 元纸币在正面左侧空白处增加了公众防伪特征（　　）。

A. 固定人像水印　　B. 胶印对印图案

C. 双色异形横号码　　D. 隐形面额数字

6. 2015 年版第五套人民币 100 元纸币的安全线设置没有（　　）。

A. 光变镂空开窗安全线　　B. 磁性全埋安全线

C. 全息磁性开窗安全线　　D. 全息磁性全面安全线

7.（　　）第五套人民币 100 元纸币上采用的冠字号码不是横竖双号码。

A. 2015 年版　　B. 2005 年版　　C. 1999 年版　　D. 2019 年版

8. 2015 年版第五套人民币 100 元纸币安全线上的镂空文字是（　　）。

A. ¥100　　B. RMB100　　C. 100　　D. RMB2015

9. 下列说法中，属于 2019 年版第五套人民币 20 元纸币和 50 元纸币防伪特征不同点的是（　　）。

A. 白水印　　B. 无色荧光纤维

C. 花卉水印　　D. 雕刻凹印

10. 垂直票面观察，2015 年版第五套人民币 100 元纸币上的右侧，光变镂空开窗安全线呈（　　）。

A. 绿色　　B. 品红色　　C. 蓝色　　D. 黑色

二、多项选择题

1. 2015 年版第五套人民币 100 元纸币取消了（　　）防伪特征。

A. 光变油墨面额数字　　B. 隐形面额数字

C. 凹印手感线　　D. 白水印

2. 2015 年版第五套人民币 100 元纸币安全线的防伪措施有（　　）。

A. 荧光　　B. 镂空文字

C. 磁性　　D. 光变

3. 下列关于 2015 年版第五套人民币 100 元纸币的正面，说法正确的是（　　）。

A. 取消了票面右侧的凹印手感线、隐形面额数字和左下角的光变油墨面额数字

B. 票面中部增加了光彩光变数字，票面右侧增加了光变镂空开窗安全线和竖号码

C. 票面右上角面额数字由横排改为竖排，并对数字样式做了调整

D. 中央团花图案中心花卉色彩由紫色调整为橘红色，取消花卉外淡蓝色花环，并对团花图案、接线形式做了调整

4. 下列关于 2015 年版第五套人民币 100 元纸币，说法错误的是（　　）。

A. 正面胶印对印图案由面额数字“100”改为古钱币图案，并由票面左侧中间位置调整至左下角

B. 保留了全息磁性开窗安全线

C. 票面背面面额数字“100”上半部颜色由深紫色调整为浅紫色，下半部由大红色调整为橘红色

D. 票面背面减少了票面左右两侧边部胶印图纹，适当留白

5. 2015 年版第五套人民币 100 元纸币对（　　）防伪特征进行了调整。

A. 隐形面额数字　　B. 安全线

C. 冠字号码　　D. 阴阳互补对印图案

6. 2019 年版第五套人民币 1 元纸币相较 1999 年版 1 元纸币，票面正面调整了（　　）。

A. 古钱币对印图案　　B. 中部面额数字的样式

C. 双色横号码　　D. 中部装饰团花的样式

7. 2019 年版第五套人民币 50 元纸币相较 2005 年版 50 元纸币，票面背面取消了（　　）。

A. 全息磁性开窗安全线　　B. 右下角局部图案并适当留白

C. 凹印手感线和凹印隐形面额数字　　D. 主图案造型

8. 2019 年版第五套人民币 20 元纸币可通过透光观察方式鉴别的防伪特征是（　　）。

A. 光变镂空开窗安全线　　B. 胶印对印图案

C. 花卉水印　　D. 人像水印

9. 下列关于 2019 年版第五套人民币 10 元纸币票面特征的说法中，正确的是（　　）。

A. 保持了 2005 年版 10 元纸币的盲文面额标记及背景主图案等

B. 保持了 2005 年版 10 元纸币的规格、主图案、主色调

C. 提高了票面色彩鲜亮度

D. 优化了票面结果层次与效果

10. 2019 年版第五套人民币 20 元纸币较 2005 年版 20 元纸币，票面正面取消

了（　　）。

A. 全息磁性开窗安全线　　B. 凹印手感线和凹印隐形面额数字

C. 双色横号码　　D. 装饰纹样

三、判断题

1. 2015年版第五套人民币100元纸币与2005年版第五套100元纸币相比，取消了票面正面右侧的凹印手感线、隐形面额数字和左下角的光变油墨面额数字。（　　）

2. 2015年版第五套人民币100元纸币在保留2005年版第五套人民币100元纸币全息磁性开窗安全线的基础上，增加了防伪性能较高的光彩光变镂空安全线、磁性全埋安全线等防伪特征。（　　）

3. 2015年版第五套人民币100元纸币与2005年版第五套100元纸币相比，票面正面中部增加了光彩光变数字，票面右侧增加了光变镂空开窗安全线和竖号码。（　　）

4. 2015年版第五套人民币100元纸币在保留2005年版第五套人民币100元纸币光变油墨面额数字、隐形面额数字等防伪特征的基础上，增加了防伪性能较高的光彩光变数字，提升了人像水印等防伪性能。（　　）

5. 2015年版第五套人民币100元纸币与2005年版100元纸币相比，票面正面右上角面额数字由横排改为竖排，并对数字样式做了调整。（　　）

6. 100美元纸币的正面为本杰明·富兰克林，反面为美国国会大楼。（　　）

7. 欧元纸币使用拉丁文和希腊文标明的货币名称，并用5种不同语言文字的缩写形式注明“欧洲中央银行”的名称。（　　）

8. 2019年版第五套人民币10元纸币背面与2005年版10元纸币相比，调整了主图案造型与层次效果。（　　）

9. 2019年版第五套人民币50元纸币人像水印位于票面正面左侧，透光观察，可见人像图案水印。（　　）

10. 2019年版第五套人民币发行的纸币面额包含5元、10元、20元、50元。（　　）

四、实战演练

登录中国人民银行网站，观看2005年版第五套人民币鉴别演示，并与2009年1月19日中国人民银行公布的2005年版100元人民币假币的主要特征进行对比鉴别。

中国人民银行发布2005年版第五套人民币100元假币的主要特征如下：

1. 纸张

假钞用纸均为一般社会化用纸，不含棉纤维，光滑、绵软、无韧性、偏厚，抖动或用手弹时声音发闷。在紫外光下一般有荧光反应。

2. 水印

假钞水印，一种是在纸张夹层中涂布白色浆料，迎光透视观察时，水印所在的左半边纸张因遮光而显得厚重。另一种是在票面正面、背面或正背面同时使用无色或白色油墨印刷水印图案，立体感较差。

3. 安全线

第一种伪造安全线是在钞票正面，使用灰黑色油墨印刷一个深色线条，背面是用灰色油墨印刷开窗部分，无全息图文，或含有极模糊的“￥100”字样，此类伪造安全线无磁性特征。

第二种伪造安全线是在钞票正面，用同样的方法印刷一个深色线条，背面则采用烫印方式将带有“￥100”字样的全息膜转移到票面上，其衍射图案与真钞安全线存在差异，且无磁性特征。

第三种伪造安全线是使用双层纸张，在纸张夹层中放实物线，线与纸张结合较差，线表面印刷磁性油墨。

第四种伪造安全线是第二种和第三种的组合，既有烫印开窗，又有实物安全线置于纸张夹层内。

4. 正背主图案印刷方式及凹印特征

截至 2009 年 1 月，假钞的印刷工艺均是胶印、丝网等平印，质量很差。有些假钞为模仿真钞的凹印效果，在人像衣服、团花及手感线等凹凸位置用坚硬金属磨具进行了压痕处理，触摸有凹凸效果，应仔细观察。

5. 荧光防伪印记

伪造者使用从社会上购置的荧光油墨来模拟真钞的荧光印记，荧光亮度明显低于真钞，颜色与真钞存在差异。

6. 光变油墨面额数字

第一种伪造光变油墨面额数字的方法是普通单色（100 元假钞为绿色）胶印，质量较差，无真钞特有的颜色变换特征，用手指触及其表面时无凹凸触感。

第二种伪造方法是使用珠光油墨丝网印刷，有一定的光泽和闪光效果，但其线条粗糙，变色特征与真钞有较明显的区别，只有黄绿色珠光而不具备真钞由绿到蓝的变化。

7. 冠字号码

一般假钞使用普通黑色油墨胶印冠字号码，其形态与真钞冠字存在差异且不具备磁性特征，且假钞号码不规则、排列凌乱。

模块三 点钞技能

学习目标

知识目标

1. 掌握机器点钞的操作流程；
2. 熟悉手工点钞的基本要求与操作流程；
3. 掌握手工点钞的基本方法及特点；
4. 了解硬币的清点方法；
5. 掌握钞票的扎把和捆扎方法。

技能目标

1. 能够规范进行机器点钞和手工点钞；
2. 能够运用手持式单指单张点钞法点钞；
3. 能够运用手持式多指多张点钞法点钞；
4. 能够对钞票进行捆扎。

价值目标

1. 培养作为新时代金融行业从业者的“工匠精神”；
2. 增强“四个意识”，坚定“四个自信”，做到“两个维护”。

模块导入

八年勤学苦练，挑战吉尼斯世界纪录

春节伊始，工行温州龙湾支行的卓敏静穿上了志愿者的红马甲，为抗击新冠疫情忙碌穿梭着。“没想到，吉尼斯点钞高手化身防疫战士也是有模有样。”日前，在温州某小区门口，同事们这样点赞卓敏静。

卓敏静，在 2019 年中央电视台《挑战不可能》节目中，以 202 张的成绩打破了 30 秒蒙眼手工点钞吉尼斯世界纪录，这已成为她职业生涯中闪亮的标签。作为入行 9 年的 90 后服务明星，从点钞能手到大堂经理、理财经理、客户经理，卓敏静在每个岗位都兢兢业业，不断实现自我突破。

“点钞技术中有一种扇形点钞，100 张钞票点成一把扇子形状，经过 2 年训练，终于做到 7 秒钟完成。”卓敏静平静的话语背后，是日复一日的积累和沉甸甸的付出，这个速度在整个业内是出类拔萃的。

2011 年 7 月，卓敏静进入工行温州龙湾支行参加工作，通过认真观察、记录，仔细体会、揣摩，每遇不懂即向师傅们请教，短短一个星期她就具备了独立上岗的能力，成为支行当时新员工中最早上岗的人。

从 2011 年到 2013 年的两年时间里，卓敏静基本上每天早上 6 时至 7 时、晚上 8 时至 9 时，都在雷打不动地练习点钞。为了提高成绩，她还上网找视频学习，向行内前辈请教。凭借着过硬的技能，她先后斩获了工行浙江省分行第 16 届业务技术比赛手工点钞第一名、“全国金融五一劳动奖章”、“工总行五一劳动奖章”等诸多荣誉。

资料来源：吴恩慧. 八年勤学苦练，挑战吉尼斯世界纪录 [N]. 钱江晚报，2020-03-20.

任务一 点钞认知

任务分析

本任务的教学重点与难点是掌握点钞的分类，理解手工点钞的必要性及存在意义。

一、点钞技术的产生与发展

点钞，是指按照一定的方法查清票币的数额，即整理、点票的工作。在银行，点钞泛指清点各种票币，又称票币整点。

点钞技术是随着纸币的产生而产生的。随着纸币的发行，社会生产对于整理、清点纸币的速度与质量产生了较高的要求，点钞技术在银行业兴起。纸币的发行与金融业的发展，为点钞技术的发展创造了广阔的发展空间，各类能工巧匠集思广益，创造出各种点钞方法。由于我国幅员辽阔，各地的点钞方法各不相同，常用的方法就有 20 多种。根据不同的需要，财经工作人员可以选用特点不同的点钞方法。

自我国研制生产出第一台鉴伪点钞机以来，经过十几年的风雨历程，我国的点钞机行业取得了迅猛发展。产品由最初单一的人民币伪钞鉴别仪发展至美元、欧元、韩元、越南盾等币种鉴伪点钞机，且很多企业的产品打入欧洲、美国、中东、东南亚等 40 多个国家和地区，涌现了多个在国内外具有一定知名度的点钞机品牌，这些产品得到各大银行和普通消费者的普遍认可和接受。然而，近年来由于市场竞争日趋激烈，一些点钞机企业采取了以降低产品质量为代价的低价营销竞争手段，导致点钞机市场的无序恶性竞争局面愈演愈烈，低质低价点钞机充斥市场，严重影响了行业的正常经营秩序。与四大银行中标点钞机相比，这类低价点钞机的电子元件、各种传感器、变压器和五金零部件等原材料的性能、质量和价格均存在相当大的差别。因此，这类点钞机很自然地在防伪效果、稳定性、温升、机器寿命等性能指标上大打折扣。

二、点钞技术的分类

（1）根据点钞技术的自动化程度，点钞技术可以分为手工点钞和机器点钞。根据持钞姿势的不同，手工点钞可以分为手按式点钞法、手持式点钞法和其他点钞法等。手按式点钞法是将钞券放在桌面上清点的点钞方法。手持式点钞法是从手按式点钞法发展而来的，与手按式点钞法相比，速度更快、使用更普遍。手按式点钞法和手持式点钞法根据点钞张数不同又都可以分为单指单张点钞法、单指多张点钞法和多指多张点钞法。

（2）根据点钞对象的形态，点钞技术可以分为纸币整点和硬币清点。纸币整点一般以百张为一把、十把为一捆。硬币清点可以分为手工清点硬币和工具清点硬币，在实务中手工清点硬币是基本的清点方法，与工具清点硬币速度相差不大。

点钞技术分类如图 3－1 所示。

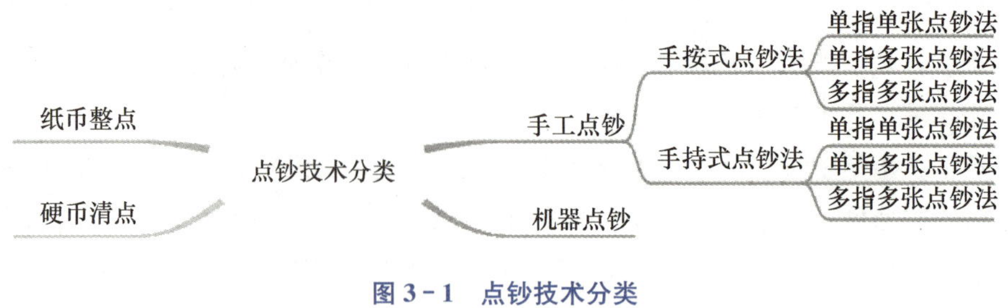

图 3－1　点钞技术分类

三、手工点钞存在的必要性

中国人民银行及各专业银行及其分支机构是国家指定的现金管理的执行机关。银行柜员及出纳部门的日常性工作是现金的收入、付出和整点。因此，点钞成了银行柜员和出纳人员工作的重要内容。

如今，不仅是金融系统，其他行业的现金流量也很大，因此，清点钞票不仅是银行柜员和出纳人员的一项经常性的、技术性很强的工作，而且是所有从事财会、金融、商品经营等工作的从业人员必备的基本技能。点钞速度的快慢、技术水平的高低、点钞质量的好坏，直接关系到资金周转和货币流通速度，影响工作的效率和质量。因此，点钞技术的质量和效率成为考核银行柜员和出纳人员业务素质的重要指标。掌握好点钞技术是做好银行柜员和出纳人员的基础，也是银行柜员和出纳人员一项必备的素质。虽然目前点钞机应用广泛，但大部分银行仍将手工点钞作为柜面人员上岗的一项考核标准。手工点钞是专业性的体现，也是银行业的技艺传承，凝结了先辈对于职业的热爱和精益求精、一丝不苟的职业精神。

点钞机其实并不是百分之百可靠的。目前，市面上点钞机的原理大同小异，基本上是根据钞票的防伪特征加装固定的传感器来辨别钞票的真伪，如红外线、紫外线、图像和磁性传感器等，通过固定识别几个防伪特征点来判断钞票的真伪。但是随着犯罪分子伪造钞票技术的不断提高，有一部分的假钞（主要是变造币），单纯依靠点钞机是无法百分之百检测出的，漏检的现象在一定程度上是存在的，所以，这个时候就需要依靠银行柜员的手工点钞来辅助识别。此外，不符合流通标准需要销毁的残损券的票面质量差、纸质绵软、票面起皱或缺失，机器也无法清点，这时手工清点的重要性就显现出来了。

价值提升　大国金融需要“工匠精神”

什么是“工匠精神”？简言之，“工匠精神”是对自己的工作和产品精雕细琢、精益求精的精神理念，是一种执着专注，是一份坚守责任。各行各业都需要“工匠精神”，金融行业更需要传承和弘扬“工匠精神”。

在基层工作中，许多勤练基本功，将点钞、小键盘录入等基本技能做到出神入化的普通金融员工就很好地诠释了精益求精的“工匠精神”。

点钞是每个银行人的必备基本技能，但是想要练到比点钞机还要快却并不容易。特别是现代社会机器点钞的运用越来越广泛，点钞机能同时完成点钞、验钞、扎把等多项工作，因此很多人认为练习手工点钞已经没用了，机器点钞会取代手工点钞。然而事实并非如此，市场上流通的钞票，有的在流通中变得很绵软，有的比较破旧，这些钞票是点钞机没有办法清点的。此外，小面额的钞票也需要手工来清点。因此，银行要求所有柜面人员综合手工点钞与机器点钞两种方式。

通过手工点钞技能的训练，金融从业者可以培养吃苦耐劳的精神，在练习中磨炼自己、坚持钻研、脚踏实地、永不放弃，这些宝贵品质正是当代社会所提倡的“工匠精神”。金融从业者应该成为新时代的“匠人”，将乐于钻研、勤于练习、不断创新的品格传承下去，在新时代、新环境中为客户提供更周到的服务。

当前，我国经济发展步入新常态，这需要更好地发挥金融资源支持实体经济转型升级的作用。与此同时，我国金融体量已位居全球前列，关乎中国甚至全球经济发展。在此形势下，我国金融领域的每个层面中、每个角落里都需要这种执着专注、精益求精的“工匠精神”。只有这样，我国金融体系这艘大船才能劈波斩浪、行稳致远。

任务二　机器点钞

任务分析

本任务的教学重点与难点是机器点钞的操作流程，要做到操作规范、熟练。

一、点钞机介绍

点钞机是一种可以自动清点钞票数目的机电一体化装置。点钞机一般带有伪钞识别功能，集计数和鉴伪于一体。《人民币鉴别仪通用技术条件》（GB 16999—2010）是2010年修订颁布的，是国内点钞机生产须遵循的强制性国家标准。该标准规定了人民币鉴别仪的通用技术要求、试验方法、检验规则，以及标志、包装、运输、贮存。

（一）点钞机的级别标准

《人民币鉴别仪通用技术条件》强制性将点钞机分为A级、B级、C级三个级别标准，A级、B级为银行类点验钞机等级，C级为商业类点验钞机等级，级别越高，鉴伪能力越强。A级点钞机必须具备9种及以上鉴别能力，B级点钞机必须具备5种及以上鉴别能力，C级点钞机必须具备4种及以上鉴别能力。

本书以维融JBYD-N11（A）A类银行专用点钞机（见图3-2和图3-3）为例介绍点钞机的基本性能和使用方法。

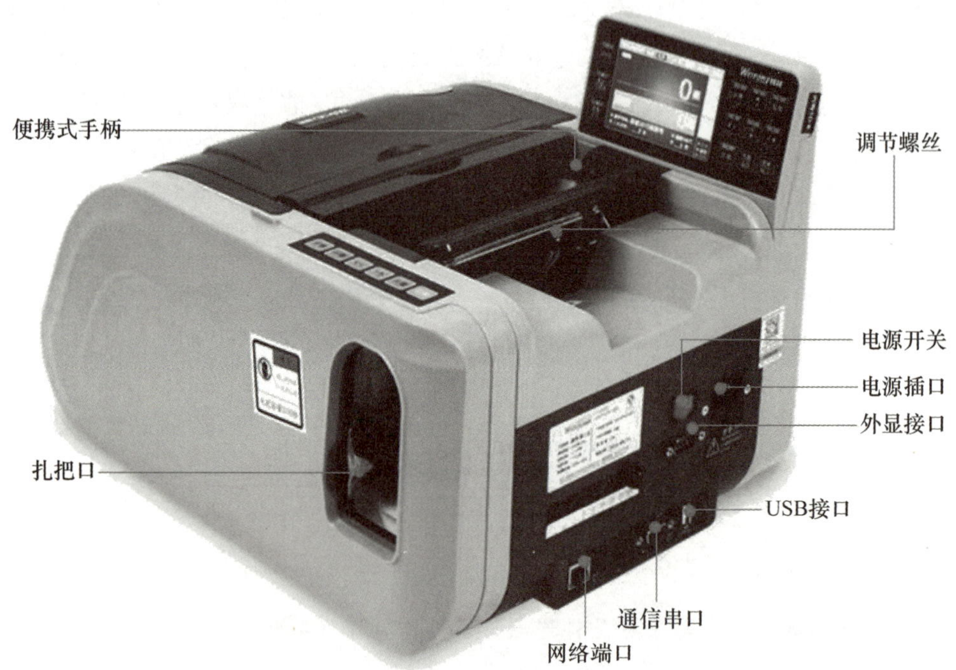

图3-2　点钞机外形解析一

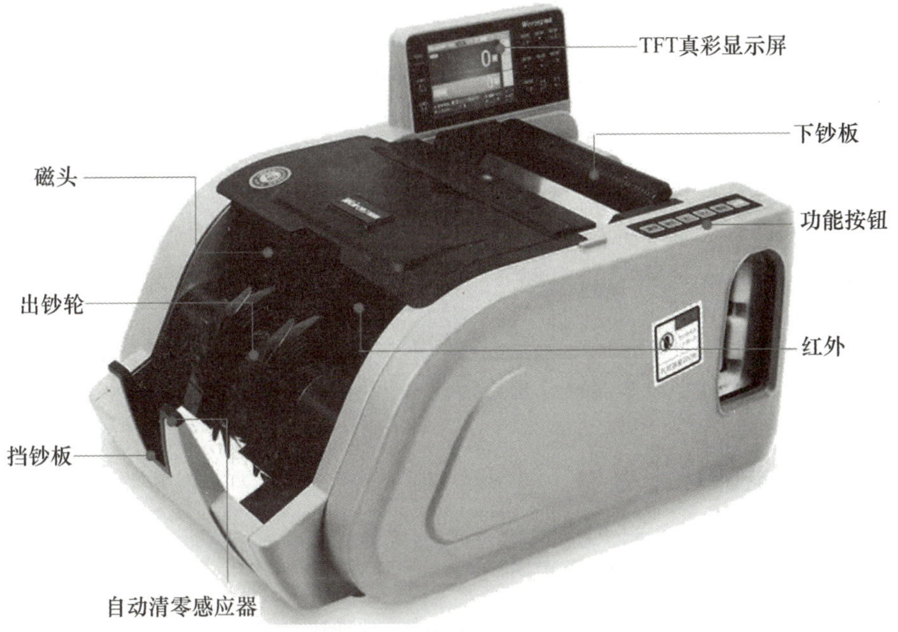

图 3-3　点钞机外形解析二

维融 JBYD-N11（A）A 类银行专用点钞机将点验钞机和捆钞机合二为一，每分钟点钞速度大于 900 张，具有自动识别面额、版本、套别、券别、合计金额等功能，鉴别能力包括冠字号识别、安全线特征鉴别、红外光学特征鉴别、磁特征定性鉴别、荧光特征鉴别、纸质识别、紫外图像鉴别、磁图像分析鉴别、白光图像鉴别、多光谱图像鉴别、紫外光学特征鉴别和红外图像鉴别。

（二）点钞机功能键介绍

1. 智能

此功能下可清点第五套 5 元以上人民币，清分出小面值的假币。

2. 预置

此功能下可预置“1～999”任意数值，清点到预置数字时，机器将自动停止运转。当需要定量点钞时，应使用预置功能。

3. 低额

此功能下可清点练功券、外币等非人民币纸张。此状态只能清点，不带鉴别功能。

4. 合计

开机按下功能键进入合计金额，可对不同纸币总额进行合计，并具备鉴别功能。

5. 清分

清分不同面值的币种，如100元里夹一张50元纸币就会报警提示“EE8”宽度错误代码。

6. 累加

清点大量钞票时可自动累计，不会清零，可以分多次放钞。

二、机器点钞的操作流程

（一）机器点钞前的准备工作

将点钞机安放在平稳的桌面上，位于点钞员正前方，距点钞台边30厘米处。检查机器完好无损后再接通电源，检查下钞板、出钞轮、挡钞板、扎把口是否运行正常，检查TFT真彩显示屏是否显示正常且显示为“0”。按操作习惯放置好钞券和工具，一般未点的钞券放在机器右侧，按大小票面顺序排列，经复点的钞券放在机器左侧，腰条纸应横放在点钞机前面靠近点钞员胸前的那一侧，其他各种用具放置要适当、顺手。

（二）机器点钞的操作程序

1. 持钞拆把

从点钞机右侧拿起钞券，右手横执，五指稍用力，将同面额钞券捏成瓦形，食指或大拇指将扎条拆开，将钞券平放在下钞板上。拆下的扎条不要丢掉，以便查错。

2. 计数

按照使用需求按下相应功能键，将钞券均匀扇开，平放在下钞板上。点钞机开始自动传送计数、识别、整理。下钞时，点钞员应注意出钞轮滚下的钞券面额，查验是否存在夹带其他票券、残券、假钞等现象。待下钞板上的钞券全部输送完毕，机器自动停止点数，此时计数器显示屏上显示的数字就是该叠钞券的数量。取出挡钞板上的钞券，点钞机显示屏上的数字将自动清零，准备重新计数。

3. 复点

当显示屏数字不为“100”时，点钞员应进行复点。复点时可使用预置功能，也可重新计数。如果经复点仍是原数且不存在其他不正常原因，可判定钞券张数有误，应将钞券和旧扎条一起扎把，在新扎条上写明差错张数，另做处理。

4. 扎把

扎把时，左手拇指在上，其他四指在下，手掌朝上将钞券从挡钞板上拿出，注意不要漏张，将钞券墩齐。点钞员既可直接将钞券放入点钞机的扎把口，也可手工扎把。

5. 盖章

复点完全部钞券后，点钞员要逐把盖章，一般盖在扎条平整的短边。盖章时应做到先轻后重，印章整齐、清晰。

6. 整理

点钞机用毕，点钞员应关掉电源，拔下插头，检查机内是否进入灰尘，可用机器自带毛刷清扫，最后用布盖好防尘。

三、机器点钞的注意事项

机器点钞速度较快，要求两手相互协调，各个环节衔接紧凑。

点钞前，点钞员应注意显示屏是否清零，数字非零时应按清零键将读数清零。为分清责任，应保留原扎条。

送钞时，点钞员的右手要平稳，将钞券捏出扇形，并放在下钞板上，使其自动下滑，切不可用力按压；应注意出钞轮滚下的钞券面额，查验是否存在夹带其他票券、残券、假钞等；检查点钞机周围是否有掉张。

钞券进入挡钞板，点钞员左手取钞时必须取净，然后右手再放入另一把钞券，防止串把。

清点无误的钞券墩齐扎把时，点钞员的眼睛应紧盯点钞机上还在清点的其他钞券。点钞员将扎好的钞券放置在点钞机左侧。

大国工匠陶萍：手工点钞是不可替代的吃苦精神

日常练习中，点钞员可熟记以下口诀：

紧张操作争分秒，左右连贯用技巧；
右手投下欲点钞，左手拿出捻毕钞；

两眼观察票面跑，余光扫过计数表；
顺序操作莫慌乱，环节动作要减少；
原钞扎条必须换，快速扎把应做到；
维修保养经常搞，正常运作工效高。

实战训练 3-1

请按下列要求进行机器点钞实训：

1. 熟悉点钞机的功能键和操作程序。

2. 熟记机器点钞的操作口诀。

3. 以小组为单位，每组轮流进行机器点钞操作，每个学生至少操作三次。练习分三种情况：全真币练习、真币练功券混合练习、练功券练习。

任务三 手工点钞

任务分析

本任务的教学重点与难点是手工点钞的基本程序、基本要求和操作流程，掌握单指单张点钞法、多指多张点钞法，能够做到清点计数准确、速度较快、把捆扎紧、盖章清晰。

一、手工点钞基础

（一）手工点钞的基本程序

银行柜员和出纳人员在办理现金收、付和整点业务时，一般应按下列程序办理：

（1）审查现金收、付款凭证及其所附原始凭证的内容，看是否填写清楚、齐全，两者内容是否一致。

（2）依据现金收、付款凭证的金额，先点数大数（即整数），再点数小数（即零数）。具体来讲，就是先点数大额票面金额，再点数小额票面金额，结合先点数成捆的（暂不拆捆）、成把（卷）的（暂不拆把、卷），再点数零数。在点数过程中，一般应边点数，边在算盘或计算器上加计金额。点数完毕，算盘或计算器上的数字和现金收、付款凭证上的金额和点数数额三者应相同。

（3）从整数至零数，逐捆、逐把、逐卷地点数，在拆捆、拆把、拆卷时应暂时保存原有的封签、封条和封纸，以便发现差错时证实和区分责任，点数无误后才可扔掉。

（4）点数无误后，即可办理具体的现金收付业务。

（二）手工点钞的基本要求

出纳人员在办理人民币收、付和整点工作时，应以准确、快速为前提。

（1）“准”，即清点和记数要准确。要做到点数准确，除了平时勤学苦练基本功外，在操作过程中要做到“一集中、二坚持、三准备、四对清”。“一集中”，即精神集中；“二坚持”，即定型操作、坚持复核；“三准备”，即思想、款项、工具准备；“四对清”，即凭证金额看清、钞票当面点清、号单对清、钞票付出当面交代清。

（2）“快”，即在“准”的前提下，努力提高工作效率。

（3）“好”，凡经复点整理的票币，应达到“五好捆钱”标准，即做到点数准确、残钞挑净、平铺整齐、把捆扎紧、盖章清晰，也就是“点准、挑净、墩齐、扎紧、盖章清晰”。

（三）手工点钞的操作流程

手工点钞包括6道工序（见图3-4）。

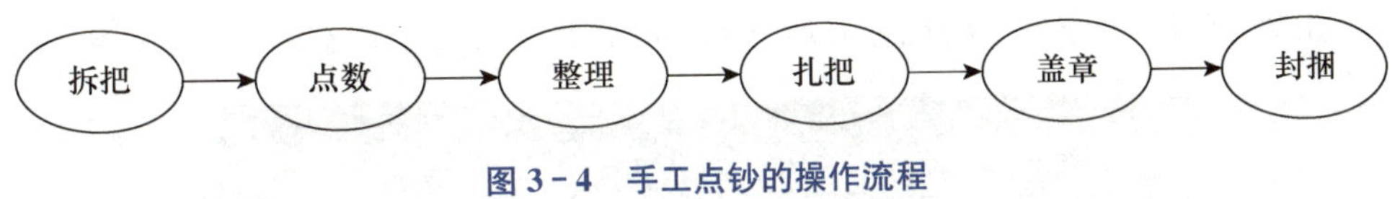

图3-4　手工点钞的操作流程

1. 拆把

拆把（见图3-5）是将待点钞券的扎条拆掉，在清点完成前，拆掉的扎条不得丢弃。

2. 点数

点数（见图3-6）又称计数，点数需要眼、脑、手相协调，即手点钞、眼看捻动的钞券、脑计数，一次点准100张。

图 3-5 拆把

图 3-6 点数

3. 整理

整理（见图 3-7）即将清点无误的钞券清理整齐实现券面同向，抚平折叠部分使边角无折，然后将钞券上、下、左、右墩齐。

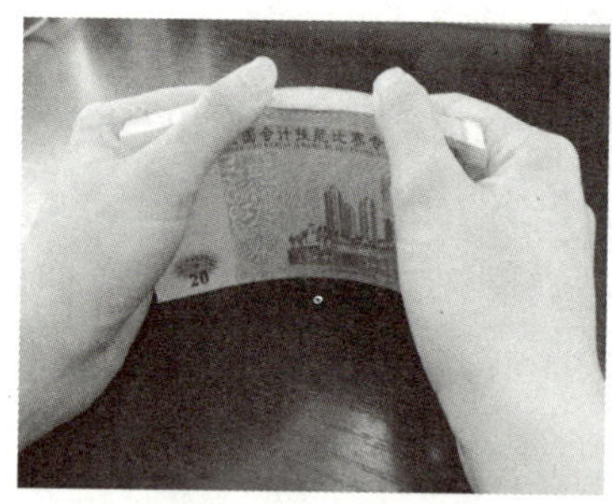

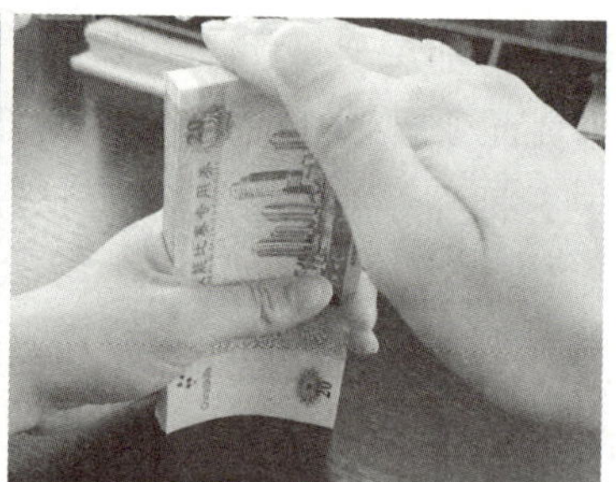

图 3-7 整理墩齐

4. 扎把

扎把（见图 3-8）即将已数好墩齐的 100 张钞券用扎条扎紧。

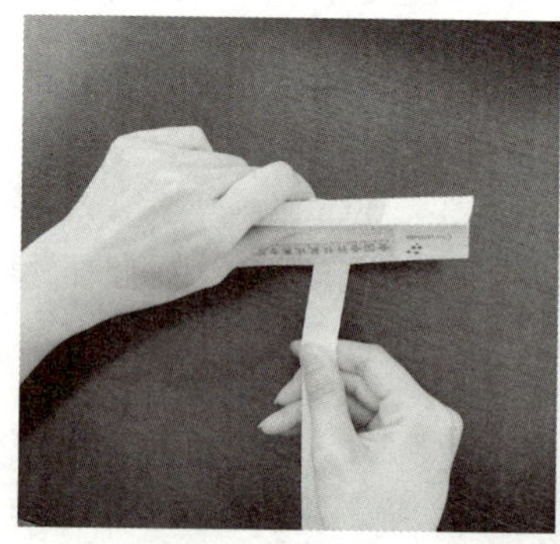

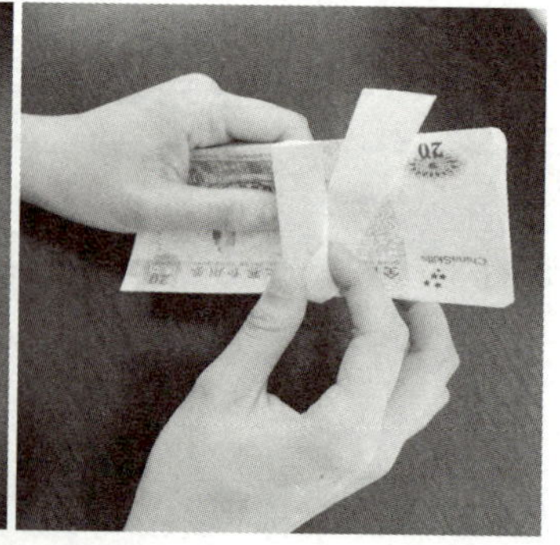

图 3-8 扎把

5. 盖章

盖章（见图 3－9）即在扎好的扎条平整的短边加盖点钞员名章，盖章要清晰完整，便于分清责任。一般每笔款项全部清点完毕后统一盖章。

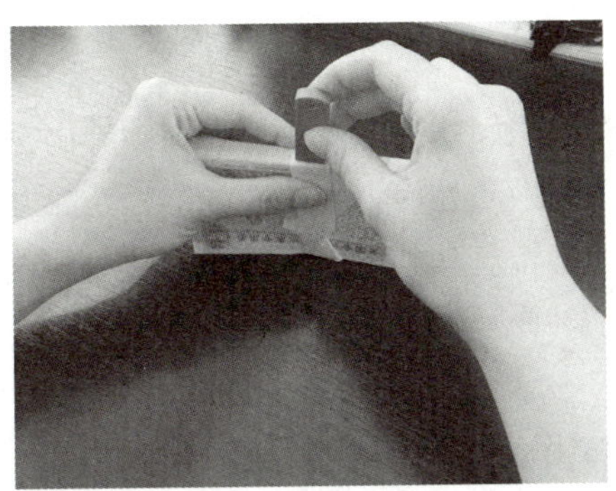

图 3－9　盖章

6. 封捆

实务处理中，百张为一把，十把为一捆。封捆（见图 3－10）即将已扎好的十把钞券用捆绳成“#”字打成一捆并贴上封签，一般封签上需要注明行名、券别、金额、封捆日期，加盖封捆员、复核员名章。

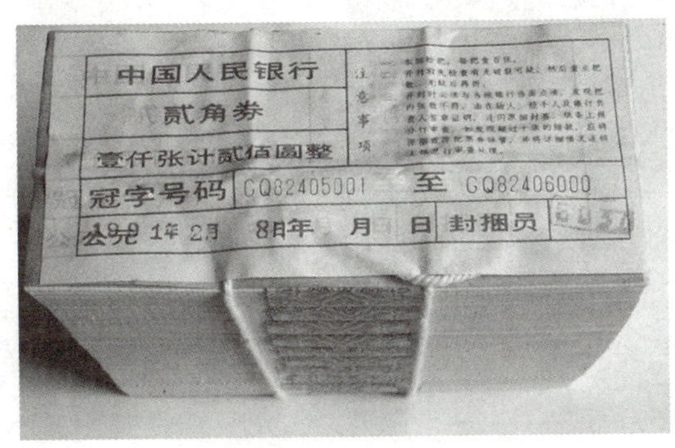

图 3－10　封捆

二、手持式单指单张点钞法

手工点钞的注意事项

手持式单指单张点钞法是用左手持钞，右手一根手指一次点一张钞券。该方法是目前实务中应用最为广泛的方法，特点是点钞员可以接触每一张钞券，便于识别假钞和剔除残损钞，准确率高，适用于柜台收、付款和整点各种新旧、大小票币和残损币等，是手工点钞的基本点钞方法，也是点钞员必须掌握的点钞方法。与其他点钞方法相比，手持式单指单张点钞法劳动强度大、速度较慢。

（一）拆把

点钞员左手横执钞券，正面朝向身体，拇指在钞券内侧，中指、无名指、小指在钞券外侧，食指放在正面中心处用力下压，五指相互配合将钞券压成瓦形，右手拇指与食指、中指将原扎条拉出（见图 3－11），不损坏原扎条。

（二）持钞

点钞员左手横执钞券，下面朝向身体，左手拇指在钞券正面左端约四分之一处，食指与中指在钞券背面与拇指同时捏住钞券，无名指与小指自然弯曲并伸向钞券前左下方，与中指夹紧钞券，食指伸直，拇指向上移动，按住钞券侧面，将钞券压成瓦形（见图 3－12），左手将钞券从桌面上擦过，拇指顺势将钞券向上翻成微开的扇形，同时，右手拇指、食指作点钞准备。

图 3－11　拆把

图 3－12　持钞

（三）清点

点钞员左手持钞并形成瓦形后，右手食指托住钞券背面右上角，用拇指尖逐张向下捻动钞券右上角，捻动幅度要小，不要抬得过高。点钞员应轻捻，食指在钞券背面的右端配合拇指捻动，左手拇指按捏钞票不要过紧，要配合右手起自然助推的作用。右手的无名指将捻起的钞券向怀里弹，要注意轻点快弹。具体如图 3－13、

图 3－14、图 3－15 所示。

图 3－13　捻钞

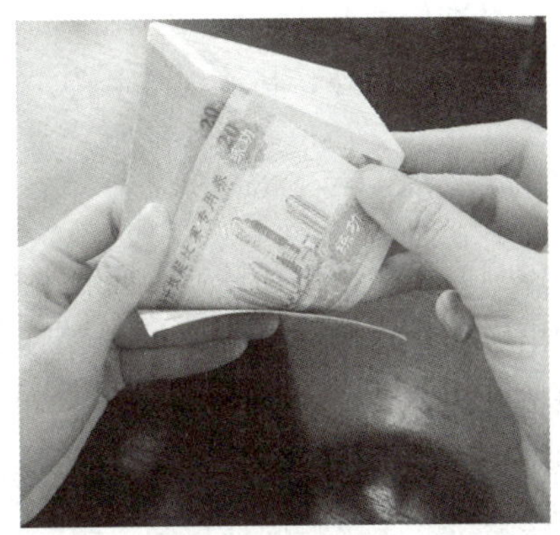

图 3－14　弹钞

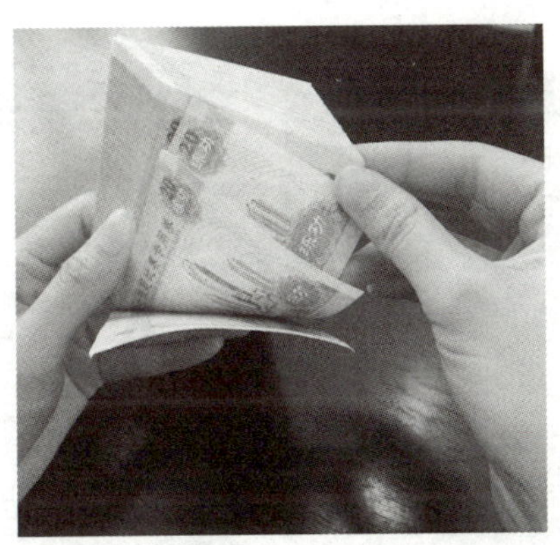

图 3－15　清点

（四）记数

记数与清点同时进行。在点数速度快的情况下，点钞员往往由于记数迟缓而影响点钞的效率，因此记数应该采用分组记数法。把 10 作 1 记，即 1、2、3、4、5、6、7、8、9、1（即 10），1、2、3、4、5、6、7、8、9、2（即 20），以此类推，数到 1、2、3、4、5、6、7、8、9、10（即 100）。采用这种记数法记数既简单又快捷，省力又好记。但记数时应默记，不要念出声，做到脑、眼、手密切配合，既准又快。

三、手持式单指多张点钞法

手持式单指多张点钞法是在手持式单指单张点钞法的基础上发展而来的，一次用一个手指点两张或两张以上钞票的方法。这种点钞方法的优点是记数简单、省力；缺点是准确率较低，手指接触钞面面积小，不易发现残币、假币。点钞程序上，除清点、记数外，其他均与手持式单指单张点钞法相同。

（一）清点

点钞员右手食指放在钞券背面右上角，右手拇指肚放在钞券正面的右上角，拇指尖超出券面，点两张时拇指肚捻第 1 张，拇指尖紧跟往下捻第 2 张；点第 3 张时，拇指肚先捻第 1、2 张，拇指尖紧跟往下捻第 3 张，如图 3－16 所示，以后依此连续操作。点 4 张以上时，拇指均衡用力，捻的幅度不要太大，食指、中指在票后配合拇指捻钞，无名指向怀里弹，弹的速度要快。在右手拇指往下捻动的同时，左手拇指稍抬，使券面拱起让钞票下落，点数时眼睛从左侧看，这样看的幅度大，便于看清张数。

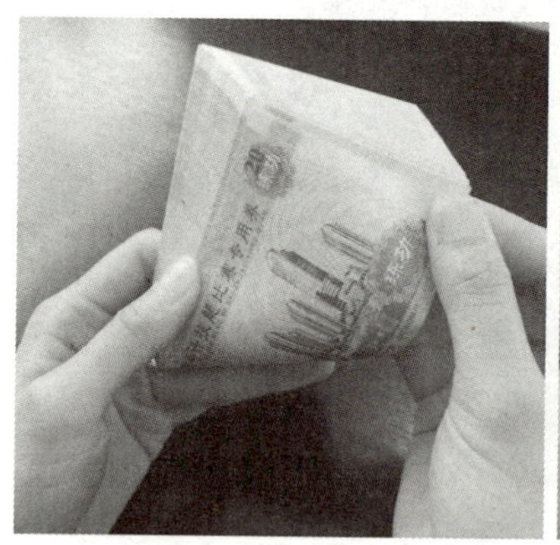
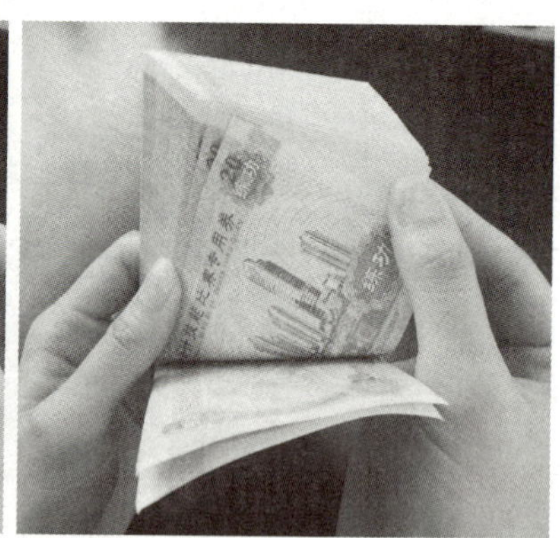

图 3－16　捻钞

（二）记数

采用分组记数，如点两张，则两张为一组记一个数，50 组就是 100 张；如点 3 张，则 3 张为一组记一个数，33 组余 1 张就是 100 张；如点 4～7 张或以上者，均以此方法计算。

四、手持式多指多张点钞法

手持式多指多张点钞法是一次使用一个以上的手指，一次点 2 张及 2 张以上钞券的方法。手持式多指多张点钞法种类很多，本书重点介绍手持式五指五张点钞法和扇面点钞法。

（一）手持式五指五张点钞法

手持式五指五张点钞法是一次使用五个手指，每个手指一次点 1 张钞券的方法。该方法与手持式单指单张点钞法、手持式单指多张点钞法相比，速度更快、效率更高、记数方便，缺点是手指的接触面较小，不利于发现假币、残币，适用于收款、付款和手工复点。

1. 持钞

点钞员将钞券横立，左手持钞。持钞时，左手大拇指、中指卡钞，右手食指、中指在钞右侧上方，大拇指在钞券右侧下方，右手食指、中指和大拇指相对，按压纸钞往上翻，保持右侧券齐（见图 3－17）。左手大拇指、中指卡钞，食指无名指在后侧顶住，右手五指点钞。

手持式五指五张点钞法

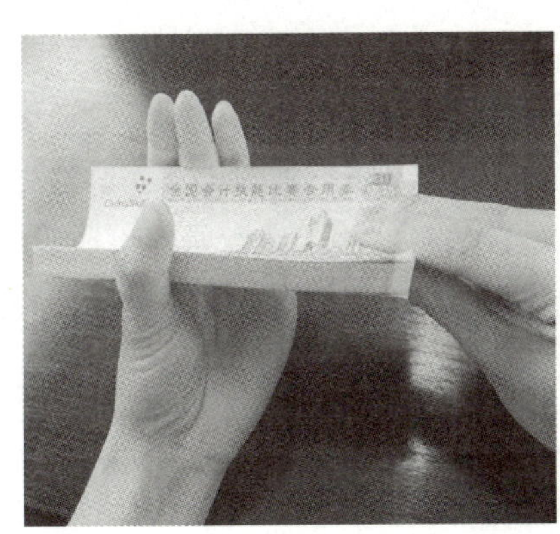
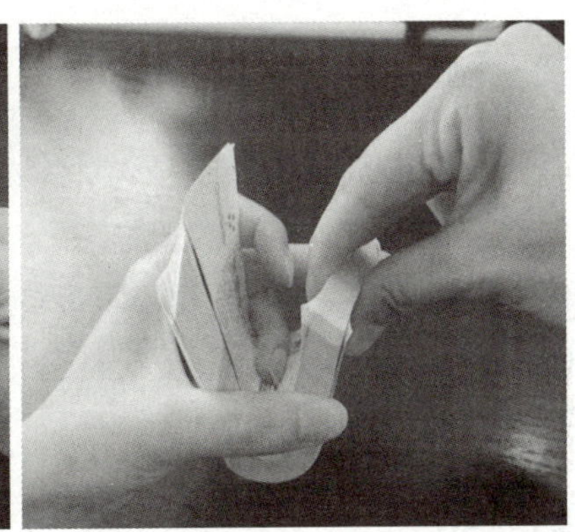

图 3－17　持钞

2. 清点

点钞员应自然摆放两只手。一般左手持钞略低，右手手腕抬起高于左手。清点时，右手拇指向外侧、其余四指向内侧一次划钞（见图 3－18），一次 5 张，接着以同样的方法清点，循环往复，点完 20 次即点完 100 张。

点钞员使用这种方法清点时要注意：一是捻钞券时动作要连续，每次之间不要间歇；二是捻钞的幅度要小，手指离票面不要过远，五个指头要一起动作，加快往返速度；三是五个指头与票面接触面要小，应用指尖接触票面进行捻动。

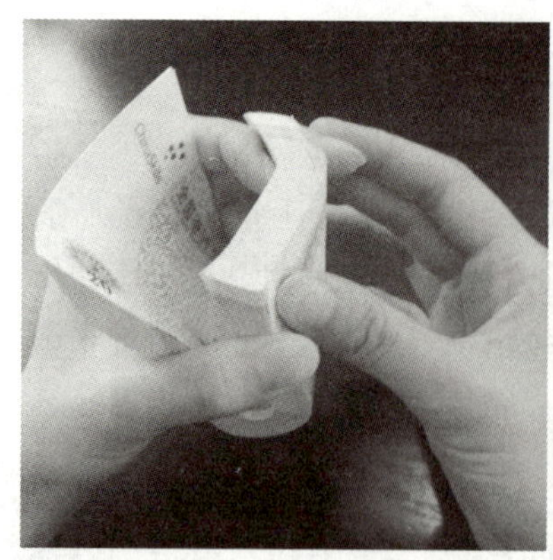

图 3－18　清点

3. 记数

采用分组记数法。以五个指头顺序捻下 5 张为一次，每次为一组，20 次（20 组）即为 100 张。

（二）扇面点钞法

扇面点钞法是将钞券捻成扇形，将钞券依次排开进行清点的方法。这种方法的优点是点钞速度快、效率高、准确率高，适合比赛使用；缺点是清点时只看票边，不便挑残挑假。扇面点钞法适合于新币整点及收、付款复点，不适合柜面初点及整点新、旧、破混合的钞券，受空气湿度影响较大。

扇面点钞法

1. 持钞

点钞员竖拿钞券，左手拇指在券前下部中间券面约四分之一处，食指、中指在券后同拇指一起捏住钞券，无名指和小指蜷向手心。右手拇指在左手拇指的上端，用虎口从右侧卡住钞券成瓦形，食指、中指、无名指、小指均横在钞券背面（见图 3－19），做开扇准备。

2. 开扇

开扇是扇面点钞的一个重要环节，扇面要开得均匀，为点数打好基础、做好准备。其方法是：以左手为轴，右手食指将钞券向胸前左下方压弯，然后猛向右方闪动，同时右手拇指在票前向左上方推动钞券，食指、中指在券后面用力向右捻动，左手指在钞券原位置向逆时针方向画弧捻动，食指、中指在券后面用力向左上方捻动，右手手指逐步向下移动，至右下角时即可将钞券推成扇面形。如有不均匀之处，可双手持钞抖动，使其均匀。打扇面时，左右两手一定要配合协调，不要将钞

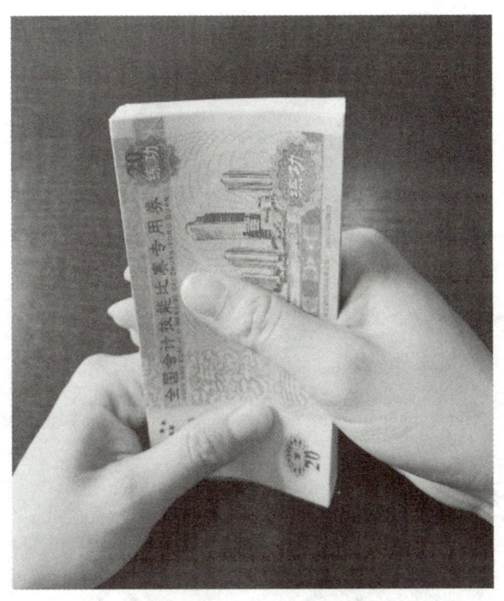

图 3-19　持钞

券捏得过紧，如果点钞时采取一按 10 张的方法，扇面要开小些，便于点清。具体如图 3-20 和图 3-21 所示。

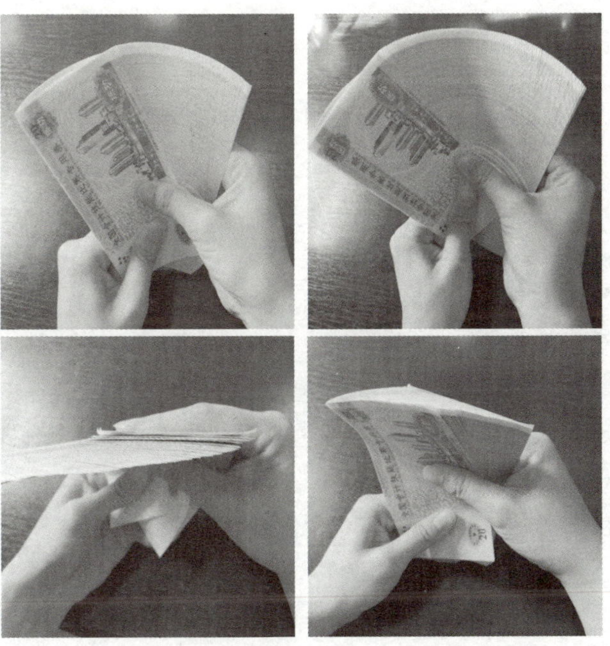

图 3-20　开扇分解

3. 点数

点钞员左手持扇面，右手中指、无名指、小指托住钞券背面，拇指在钞券右上角1厘米处，一次按下5张或10张（见图3-22）；按下后用食指压住，拇指继续向前按第二次，以此类推，同时左手应随右手点数速度向内转动扇面，以迎合右手按动，直到点完100张为止。

图3-21　开扇完成

图3-22　点数

4. 记数

采用分组记数法。一次按5张为一组，记满20组为100张；一次按10张为一组，记满10组为100张。

实战训练3-2

请按下列要求进行手工点钞实训：

1. 分小组集中训练手持式单指单张点钞法，由组长每日记录组员点一把的时间及准确率，要求严格按操作流程进行，满足手工点钞的基本要求。

2. 掌握一种手持式多指多张点钞方法。

3. 单把测试。单把（100张）30秒内点对点完为优秀，35秒内点对点完为良好，40秒内点对点完为合格。

4. 多把测试。用时5分钟，提供8把以上钞券，点对3把为合格，点对4把为良好，点对5把为优秀。

任务四　钞券捆扎

任务分析

本任务的教学重点与难点是手工扎钞与捆钞，要做到捆扎规范、步骤流畅，保证速度与质量。

一、手工扎钞

（一）缠绕法

点钞员左手握住钞券左上端，右手中指、无名指夹住扎抄条，两手背对，左手食指压住扎抄条上端，右手下拉扎抄条并保持不动，左手手腕转动，右手大拇指推动扎抄条插入圈内，最后将钞券按平。具体如图 3－23 和图 3－24 所示。

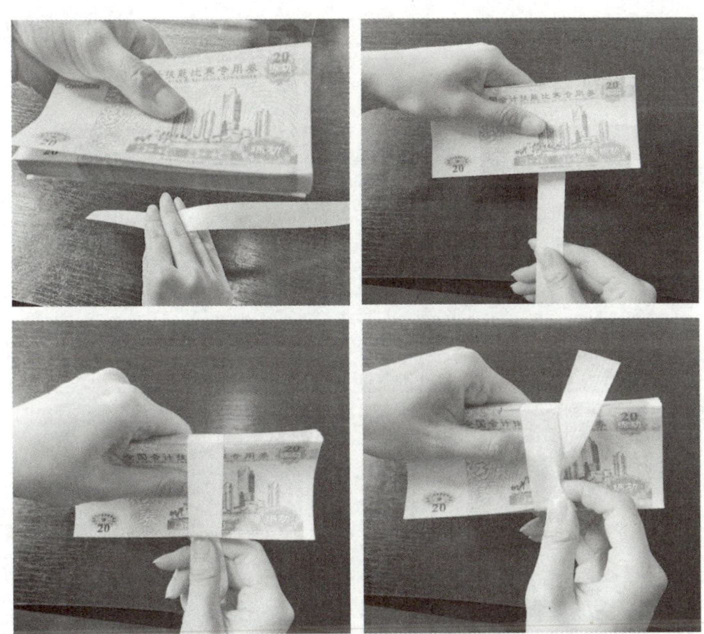

图 3－23　扎钞分解

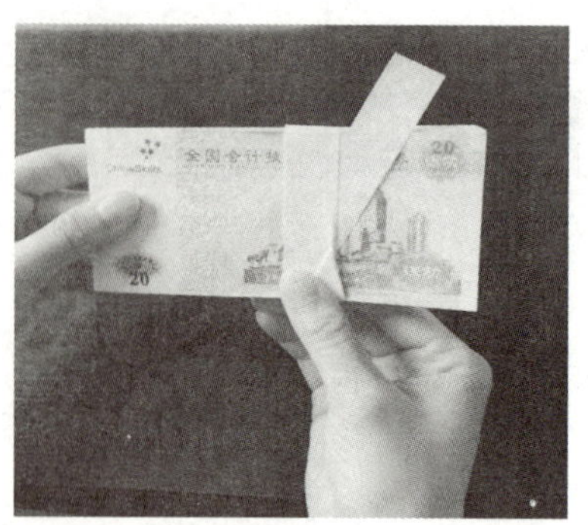

图 3-24　缠绕法

（二）拧结法

拧结法适用于比赛，点钞员左手握住墩齐的钞券，正面朝向自己，拇指在钞券上端，中指、无名指、小指在钞券后，食指伸直放在钞券上侧面，将其捏成瓦形，右手将扎钞条放在钞券背后，左手食指、拇指分别按住扎条与钞券交接处。右手拇指、食指夹住扎钞条上端，中指、无名指夹住另一端，捏在一起，将两端扎条朝相反方向扭动，将拇指和食指夹住的一头从扎钞条与钞券之间绕过、打结，用食指将扎钞条掖在凹面内，使扎钞条卡在下部，将钞券压平，如图 3-25 所示。

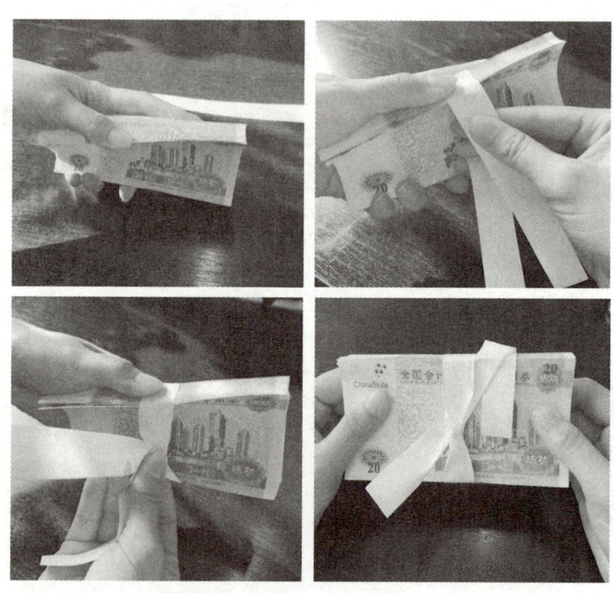

图 3-25　拧结法

二、手工捆钞

点钞员双手各取 5 把钞券，并在一起墩齐，然后将 10 把钞券叠放，票面向下，面上垫纸，并将票面的四分之一伸出桌面。左手按住钞券，右手拇指与食指持绳放在伸出桌面一头的票面处，然后用左手食指按住绳子，右手将绳子从右往上绕一圈与绳子的另一端合并，将钞券自左向右转两下，打上麻花扣。这时钞券横放在桌面，已束好的一头在右边，再将钞券向外倾斜，将绳子从钞券底面绕一圈，绕到左端票面的四分之一处打上麻花扣，然后将钞券再翻转过来拧一个麻花扣。最后用右手食指按住麻花扣，左手食指捏住绳子一头，从横线上穿过系上活扣，在垫纸上贴上封签，并在封签上加盖日戳和封捆员、复核员名章，其结头处于垫纸之上封签之下的中位。捆钞样式如图 3 - 26 所示。

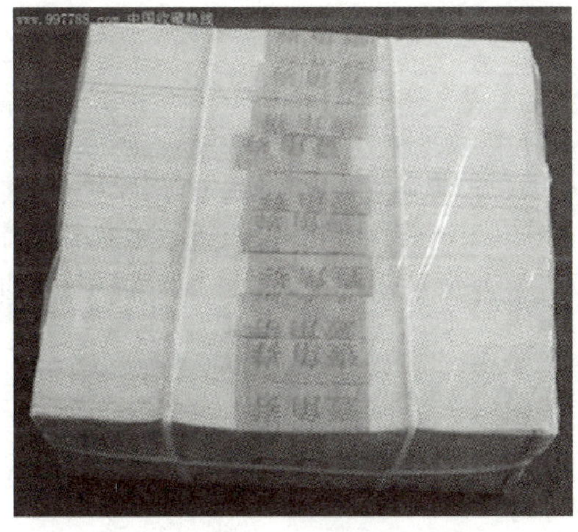

图 3 - 26　捆钞样式

实战训练 3-3

请按下列要求进行手工扎钞和手工捆钞实训：

1. 掌握一种手工扎钞方法。
2. 练习手工捆钞方法。

任务五 硬币清点

任务分析

本任务的教学重点与难点是手工清点硬币与工具清点硬币的步骤与操作方法。

一、手工清点硬币

手工清点硬币一般用于收款时收点硬币尾零款。清点硬币应按面额分类，以100枚（或50枚）为1卷，10卷为1捆。一次可清点5枚、12枚、14枚或16枚，最多一次可以清点18枚，主要依个人技术熟练程度而定。手工清点硬币一般分为拆卷、清点、记数、包装、盖章5个环节。

（一）拆卷

点钞员将需要使用的新包装纸平放在桌面，右手持硬币卷的三分之一处放在新的包装纸中间；左手撕开硬币包装纸的一头，然后用右手从左端至右端压开包装纸；包装纸压开后，左手食指平压硬币，右手抽出已压开的包装纸，即可开始清点。

（二）清点

从右向左分组清点。清点时，点钞员用右手拇指和食指将硬币分组清点，每次清点的枚数因个人技术熟练程度而异，可一次清点5枚或10枚或更多。为保证准确，可用右手中指从一组中间分开查看，如一次清点16枚为一组，即从中间分开一边8枚；如一次清点18枚为一组，则一边为9枚。

（三）记数

采用分组记数法。一组为一次，每次的枚数相同。如一组10枚，则10次100枚即为1卷，叠放在包装纸的二分之一处。

（四）包装

硬币清点完毕即可包装。点钞员首先用双手的无名指分别顶住硬币的两头，用双手拇指、食指、中指捏住硬币的两端，用双手拇指把靠里半边的包装纸向外掀起，并用食指掖在硬币底部；接着右手掌心用力向外推卷，随后用双手的拇指、食指和中指分别把两端包装纸向中间方向折压紧贴硬币；然后用双手拇指将后面的包装纸往前压，用食指将前面的包装纸往后压，使包装纸与硬币贴紧；最后用双手拇指、食指向前推币，包装完毕。

（五）盖章

硬币包装完毕将其整齐地平放在桌面上，卷缝的方向要一致。点钞员用左手掌心推动硬币向前滚动，右手将图章按在硬币的右端，同时顺势滑动，使印章盖得又快又清晰。

二、工具清点硬币

工具清点硬币是指借助硬币清点器清点大批的硬币。工具清点硬币一般分为拆卷、清点、包装、盖章 4 个环节。

（一）拆卷

点钞员将整卷硬币掰开或用刀划开包装纸，使硬币落入硬币清点器内。拆卷有以下两种方法。

1. 震裂法

点钞员以双手的拇指和食指、中指捏住硬币的两端向下震动，震动的同时左手稍向里扭动，右手稍向外扭动，用力要适度，不要使硬币震散。包装纸震裂后，点钞员取出震裂的包装纸，使硬币落入硬币清点器内。

2. 刀划法

点钞员首先要在硬币清点器的右端安装一个刀刃向上的刀片，拆卷时双手拇指、食指、中指捏住硬币的两端，从左端向右端从刀刃上划过，这样包装纸被刀刃划开一道口，硬币进入清点器盘内，然后把被划开的包装纸拿开，准备点数。

（二）清点

硬币放入硬币清点器后，点钞员双手的食指和中指应放在硬币清点器两端，将硬币清点器夹住，再用右手食指将硬币顶向左端，然后两手拇指放在硬币清点器两边的按钮上用力推动，通过动槽的移动，分币等量交错，每槽 5 枚。检查无误后，两手松开，硬币自动回到原位。一次看清，如有氧化变形及伪币应随时挑出，如数补充后再准备包装。

（三）包装

点钞员用两手的中指顶住硬币两端，拇指在卷里边、食指在卷外边，将硬币的两端捏住。两手向中间稍用力，将硬币从硬币清点器中提出并放在准备好的包装纸中间。其余包装方法同手工清点硬币。

（四）盖章

与手工清点硬币相同。

实战训练 3-4

学生自己收集或兑换同等面额的硬币 100 枚，进行手工清点硬币和工具清点硬币实训。

※ 模块小结

任务一　点钞认知	
点钞技术的产生与发展	点钞的内涵；手工点钞的发展；机器点钞的发展
点钞技术的分类	手工点钞和机器点钞；纸币整点和硬币清点
手工点钞存在的必要性	点钞是银行柜员和出纳人员工作的重要组成部分；手工点钞是专业性的体现，也是银行业的技艺传承；机器点钞的局限性
任务二　机器点钞	
点钞机介绍	点钞机的级别标准；点钞机功能键介绍
机器点钞的操作流程	机器点钞前的准备工作；机器点钞的操作程序
机器点钞的注意事项	点钞前注意事项；送钞时注意事项；机器点钞的衔接；操作口诀
任务三　手工点钞	
手工点钞基础	手工点钞的基本程序；手工点钞的基本要求；手工点钞的操作流程
手持式单指单张点钞法	拆把；持钞；清点；记数

手持式单指多张点钞法	清点；记数
手持式多指多张点钞法	手持式五指五张点钞法；扇面点钞法
任务四　钞券捆扎	
手工扎钞	缠绕法；拧结法
手工捆钞	手工捆钞的操作方法
任务五　硬币清点	
手工清点硬币	拆卷；清点；记数；包装；盖章
工具清点硬币	拆卷；清点；包装；盖章

※ 模块测评

一、手工点钞实训平台测评流程

手工点钞实训平台操作演示

1. 测评前以小组为单位互相确定每种面额点钞专用券的张数，各面值的数量为 300～320 张。

2. 学生对 8 种面额的人民币点钞专用券进行清点、盖章和捆扎，并将捆扎好的点钞专用券放入篮筐中。

3. 学生将清点结果填入系统设定的“现金存款凭条”，系统对输入结果自动评分，教师对捆扎和盖章质量进行人工评分。

二、手工点钞实训评分标准

1. 系统录入和提交正确但未捆扎的钞券，该面值不得分，已经捆扎但未放入篮筐的钞券，该面值不得分。

2. 捆扎不合格，每把扣 2 分。不合格情况为：①散把或能自然抽张；②扎把过紧，呈船形；③成把券未墩齐，露头部分上下错开超过 5 毫米。

3. 盖章出现不合格，每把扣 1 分。不合格情况为：①盖章未盖在扎把腰条的侧面；②盖章不清晰，即不能分辨文字或数字。

4. 上述三种捆扎不合格的情况在一把中同时出现一种以上的不重复扣分，即每把因捆扎不合格最多扣 2 分。两种盖章不合格的情况在一把中同时出现一种以上的不重复扣分，即每把因盖章不合格最多扣 1 分。

5. 手工点钞方法不限，由学生自行选择。

模块四 文字录入技能

学习目标

知识目标

1. 了解计算机键盘的结构及功能；
2. 熟悉常用的英文、汉字输入法；
3. 掌握五笔输入法和一种拼音输入法。

技能目标

1. 能够形成正确的打字习惯并实现盲打；
2. 能够快速录入英文；
3. 能够快速录入汉字。

价值目标

1. 热爱祖国优美的语言和文字；
2. 增强“四个意识”，坚定“四个自信”，做到“两个维护”。

模块导入

世界上最快的打字速度是多少？

英文打字记录：2001 年 7 月，捷克人马特什科娃在第 43 届国际速记大赛中创造了 30 分钟内共敲下 24 224 个键的世界纪录，其中包括英文字母、数字和各种符号，平均每分钟敲键 807 个，而且字字准确无误。这一成绩打破了平均每分钟敲键 750 个，保持 16 年之久的原吉尼斯世界纪录。

中文打字记录：1999 年 11 月，王君创造了 10 分钟 3 165 个汉字的常规键盘打字纪录（使用五笔输入法）。

至于速录机，互联网上有 1 分钟 500 多字的打字视频，但那是打“熟稿水文”，没有太多的参考价值。如果正式比赛，速录机能达到 400 字/分钟的水平。

五笔字型输入法世界纪录：293 个汉字/分钟。

五笔字型输入法是在汉字无法输入计算机的时代背景下发明的，它解决的是汉字输入的“速度”问题。全国大赛中，在“错一罚五”的严厉比赛规则下，五笔字型创下了每分钟输入 293 个汉字的世界纪录。其特点是重码少、字词兼容、不用换挡、速度快，只是需要掌握拆字和练习指法。在一些文字录入量大的行业，如新闻出版、文秘等领域，五笔输入法仍占有一席之地。如今，银行、户籍等工作人员在工作中也多使用五笔字型输入法。

任务一 英文录入

任务分析

本任务的教学重点是计算机键盘的键位与指法，教学难点是形成正确的打字习惯并实现盲打。

一、键盘的分区

键盘是用来向计算机输入信息的设备，我们可以通过它将各种程序和数据输入计算机。键盘由排列成阵列的按键组成，其按照各键的功能可以分为 4 个区：主键盘区、功能键区、编辑控制键区和小键盘区，如图 4－1 所示。

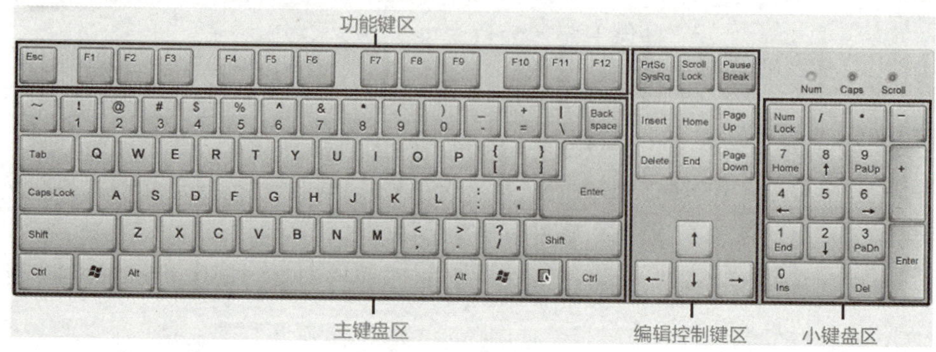

图 4－1　键盘的分区

（一）主键盘区

主键盘区位于键盘的左下方，是键盘中键数最多、运用最为频繁的一个键区，任何输入法都要通过主键盘区才能输入文字、数字和符号。主键盘区包括 26 个字母键、10 个数字键、符号键、控制键等。

1. 字母键

字母键的键面上刻有 26 个英文大写字母，有些键盘上还附带有对应的五笔输入法字根，如图 4－2 所示。在英文输入状态下按任何一个字母键都会输入相应的英文字母。

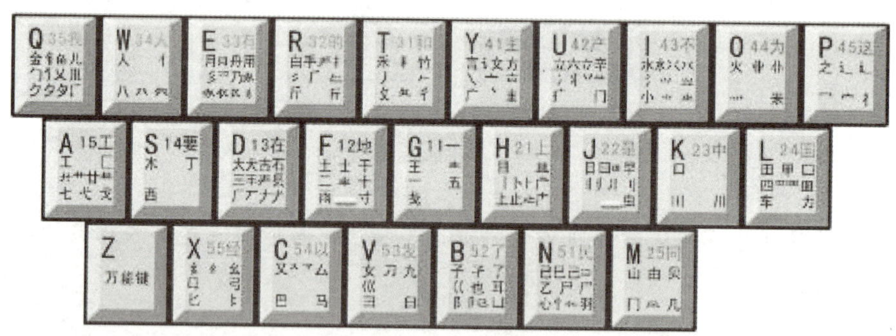

图 4－2　字母键

2. 数字键和符号键

数字键和符号键的键面上都有上、下两种符号，统称为双字符键，上面的符号为上档符号，下面的符号为下档符号。默认情况下按任何一个双字符键将输入对应的下档符号；按住 Shift 键的同时按双字符键将输入上档符号。例如，直接按主键盘区的数字键“5”，将输入数字“5”；而按住 Shift 键的同时按主键盘区的数字键“5”，则输入符号“%”。此外，在输入汉字的时候，数字键还可用于重码的选择。

3. 控制键

在 107 键键盘中，控制键 Shift、Ctrl、Alt 和“开始菜单”键对称排布在主键盘区两侧，此外还有 Caps Lock、Tab、Backspace、Enter、“快捷菜单”键和空格键。

（1）Shift 键：上档键，用于输入上档字符，也可以切换英文字母的大小写。

（2）Ctrl 键：一般与其他键配合使用。例如，要保存文档可按 Ctrl+S 键，复制文件可按 Ctrl+C 键。

（3）Alt 键：不单独使用，主要与功能键配合使用，如按 Alt+F4 键可关闭窗口。

（4）“开始菜单”键：在 Windows 操作系统中，按该键可打开“开始”菜单。

（5）Caps Lock 键：大写字母锁定键，控制 26 个字母大小写的输入，当“键盘提示区”中的 Caps Lock 灯亮着，表示此时输入的字母为大写，反之为小写。

（6）Tab 键：制表定位键，每按一次，光标向右移动 8 个字符。

（7）Backspace 键：退格键，每按一次，将删除光标左侧的一个字符。

（8）Enter 键：回车键，确认并执行输入的命令。在输入文字时，按此键光标移动到下一行行首。

（9）“快捷菜单”键：按下该键后会弹出相应的快捷菜单，相当于单击鼠标右键。

（10）空格键：按一次空格键，光标向右移动一格，产生一个空字符，如光标后有字符，则光标后的所有字符将向右移动一个位置。

需要注意：若是 104 键键盘，主键盘区将不会有“开始菜单”键和“快捷菜单”键。

（二）功能键区

功能键区如图 4-3 所示，其中各键功能由不同的软件而定，并可以自己定义。功能键的作用在于用它来完成某些特殊的功能。

图 4-3　功能键区

各键的作用分别如下：

（1）Esc 键：退出键，用于退出当前环境或返回原菜单。

（2）F1～F12 键：在不同的程序软件中，F1～F12 各个键的功能有所不同。例如，在 Word 中按 F5 键将打开“查找和替换”对话框，在 IE 浏览器里按该键是刷新网页。另外，一般情况下，在程序窗口中按 F1 键可以获取该程序的帮助。

此外，Wake Up、Sleep 和 Power 功能键分别可以使电脑从睡眠状态恢复到正常状态、使电脑处于睡眠状态和关闭电脑电源。这三项功能均需要操作系统和电脑主板的支持。

（三）编辑控制键区

编辑控制键区的主要功能是移动光标，通常在文字处理软件的编辑过程中使用，如图 4－4 所示。

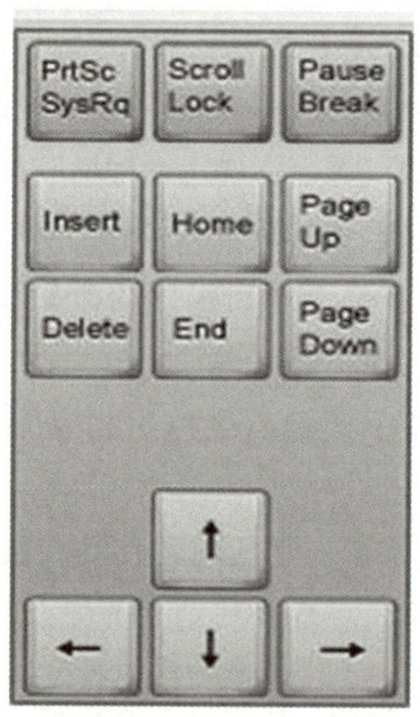

图 4－4　编辑控制键区

编辑控制键区各键的作用分别如下：

（1）PrtSc SysRq 键：拷屏键。按下此键可以将当前屏幕的内容以图片的形式复制到剪贴板中，复制的内容可以在其他软件中粘贴出来使用。

（2）Scroll Lock 键：滚动锁屏键，在 Word/Excel 中按下此键后，再按上、下键时，会锁定光标而滚动页面；如果松开此键，则按上、下键时会滚动光标而不滚动页面。

（3）Pause Break 键：暂停键，可暂停正在运行的程序或操作，若同时按下

Ctrl＋Pause Break 键，可强行中止程序的运行。

（4）Insert 键：在插入字符功能和替换字符功能之间转换。

（5）Home 键：将光标移动到所在行文字的开头。

（6）Page Up 键：用于翻页，显示屏幕前一页的信息。

（7）Delete 键：删除光标右边的一个字符，并使其后的字符向前移，也可以用于删除文件对象。

（8）End 键：将光标移动到所在行文字的结尾。

（9）Page Down 键：用于翻页，显示屏幕后一页的信息。

（10）"↑、↓、←、→"键：分别表示将光标上移一字符行、下移一字符行、左移一字符位和右移一字符位。

（四）小键盘区

小键盘区又称数字键区，其主要功能是快速输入数字，共有 17 个键，大部分是双字符键，主要是 Num Lock 键、加减乘除键、Enter 键、小数点键（Del 键）、数字 0～9 键，如图 4－5 所示。

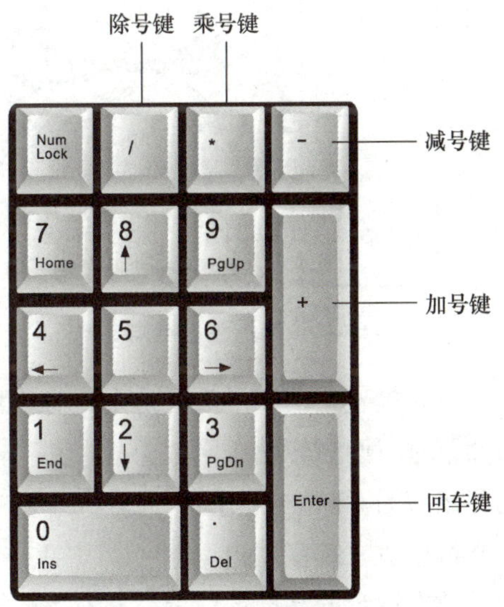

图 4－5　小键盘区

Num Lock 键控制数字键区上下档的切换。按下此键时，键盘提示区中 Num Lock 指示灯亮，表明此时为数字状态。另外，在非数字状态下 Del 键与编辑控制键区中的 Delete 键的作用一样。

二、正确的键盘操作姿势

打字时一定要端正坐姿，掌握正确的打字姿势可以提高打字速度，减少疲劳感，反之会影响文字的输入速度，易产生疲劳感，造成视力下降。正确的键盘操作姿势（见图 4－6）包括以下几个方面：

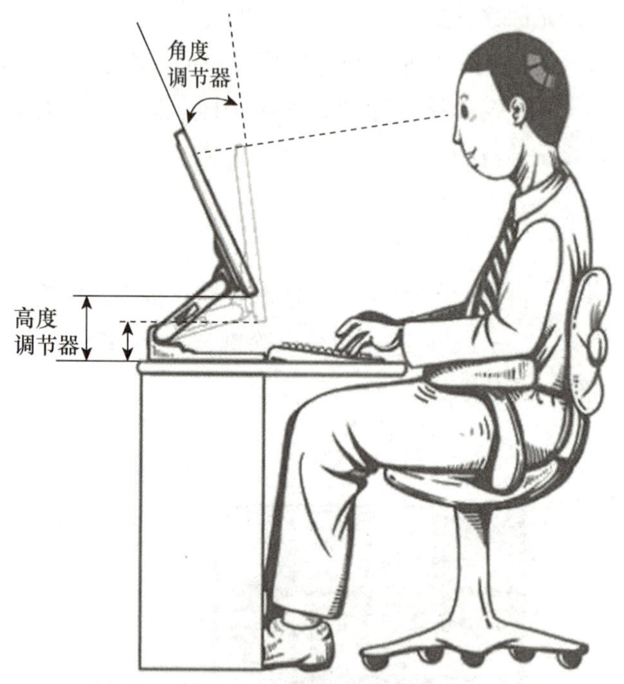

图 4－6　正确的键盘操作姿势

（1）平坐在椅子上，腰背挺直，两脚平放在地上，身体稍向前倾。

（2）两臂放松并自然下垂，两肘轻贴于腋边。

（3）身体离键盘的距离应为 20～30 厘米。

（4）输入文字时，文稿应放在键盘左边。

（5）手指自然弯曲并放在键盘的基准键位上，左右手的拇指轻放在空格键上。

三、键位与指法

键位与指法是指将键盘上的全部字符合理地分配给 10 个手指，并且每个手指都要按规定的键位进行控制。

（一）基准键位

基准键位是指 A、S、D、F、J、K、L、；8 个键。F 和 J 键称为定位键，键上各有一小横杠，便于用户迅速找到这两个键，将左右食指分别放在 F 和 J 键上，两个拇指放在空格键上，其余三指依次放下就能找准基准键位，如图 4－7 所示。

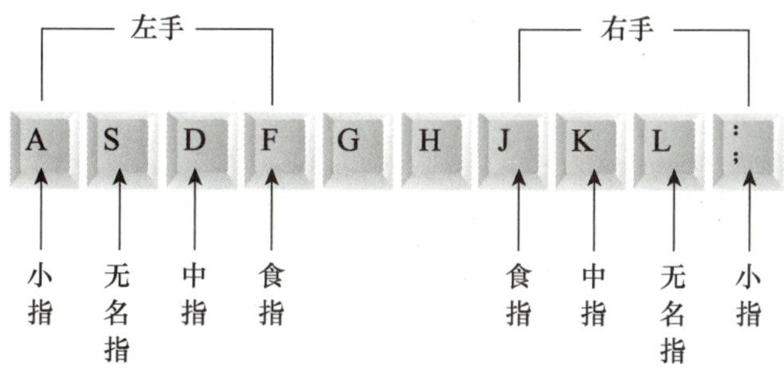

图 4－7　基准键位

（二）手指的键位分配

除大拇指外，其余 8 个手指都有一定的管理范围，每个手指负责该管理范围的字母的输入。手指键位分配如图 4－8 和表 4－1 所示。

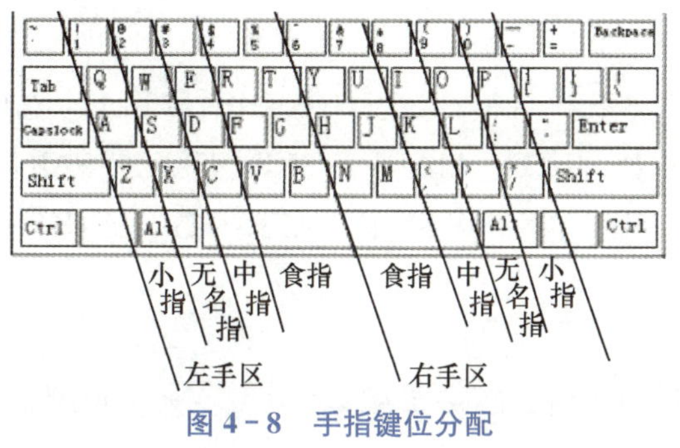

图 4－8　手指键位分配

表 4－1　手指键位分配

手指	手指键位分配
左小指	1　Q　A　Z　左侧 Shift
左无名指	2　W　S　X
左中指	3　E　D　C
左食指	4　R　F　V　5　T　G　B
右食指	6　Y　H　N　7　U　J　M

续表

手指	手指键位分配
右中指	8　I　K　，
右无名指	9　O　L　。
右小指	0　P　；　/　右侧 Shift　Enter
左右手大拇指	空格键

实战训练 4-1

新建一个名为“英文录入技能训练”的文件夹。在文件夹内新建一个文本文档，命名为“键位训练.txt”，确认任务栏的输入法处于英文状态，在此文档中输入训练 1～9 的字符。

1. 基准键训练

先输入基准键小写英文字母，然后按 Caps Lock 键锁定为大写英文字母状态，再输入基准键大写字母。

fff　dddd　ssss　aaaa　jjjj　kkkk　llll　fdsa　asdf　fsda　adsg　jkl;　l;jkl　klj;　jask;jka　;lkj　jfds　akdl　adjl;　jadf;　skdl;　dkal;　dfkfad;　;djlksa;　adkj;lk　fdjk;sdfs

FFFF　DDDD　SSSS　AAAA　JJJJ　KKKK　LLLL　FFJJ　DDKK　SSLL　AALL　FJDK　LSKD　JKDS　ALSDJ　LSKF　KLFD　SAKJ　JFDAL　KDLSA　KDADJ　LKDA　SKDL;;;;　ASFJK　AFL;SD　DFJKLS;;　ASJFFLK;　GDASJKL;;

2. Y、H、N、U、J、M 键训练

Y、H、N、U、J、M 键由右手的食指控制，输入以下英文字母：

yyyy　hhhh　nnnn　uuuu　jjjj　mmmy　yhnum　mjuny　yuhm　unhy　jumn　ujmh　jnmu　jmyh　nnhy　mjum　njhu　yyuh　jnmm　njhu　yuhjy　mhjn　myun　mjhyuh

YYYY　HHHH　NNNN　MMMM　JJJJ　UUUU　YHNU　JMNH　YUJM　NHYU　JMYJ　JHUY　HJNM　JHUY　UHJN　MUYH　JNMJ　UYHN　NJUHY　HMNY　YHJMUM　HNYUH　JUNYNJ　UJNJNU　HYHYNJ

YJYJUH　HHNUJ　YJUJN

3. T、G、B、R、F、V 键训练

T、G、B、R、F、V 键由左手的食指控制，输入以下英文字母：

tttt　rrrr　gggg　ffff　bbbb　vvvv　tgbr　fvbg　trfv　bgtr　fvbg　ttrr　ggff　bbvv　vvff　rrtt　ggbb　vvgg　fftt　rrgg　ffbb　ggvv　vvtt　rrbb　rtrt　gfgf　rtrt　bvbv　brbr

TTTT　GGGG　BBBB　VVVV　FFFF　RRRR　TTRR　GGFF　BBVV　BGBG　GTGT　TTRTR　RFRF　FVFV　VBVB　RTGB　VFRT　GBVF　RTGB　FGHBV　TGRBFV　FVTFB　RFVTG　GBFVR　RRFFBV　BVBVFG　GGRVTB　TRTRVF

4. E、D、C、I、K 键训练

E、D、C、I、K 键由左右手中指控制，输入以下英文字母：

kkkk　iiii　eeee　dddd　cccc　kkii　iikk　kkee　ddii　cckk　iidd　eekk　iiee　ccdd　eedd　eidk　cdik　kicd　edik　deik　diec　idck　kdie　cidc　edik　eeii　dede　ikik

KKKK　IIII　EEEE　DDDD　CCCC　EEII　DDKK　CCKK　EEDD　CCII　CDIE　KKCC　EDCI　KCDE　IKCD　EIKD　DKICE　CDIKE　KIEFD　CKED　DCIED　KICDE　CDEIK　CCIEK　DICKE　CDIKCE　IEKDDC　KKICDC　EEKIC　DCECKE

5. W、S、X、O、L 键训练

W、S、X、O、L 键由左右手无名指控制，输入以下英文字母：

wwww　ssss　xxxx　oooo　llll　wwll　ssoo　xxww　swsw　sxsx　olol　losw　sxlo　sxwl　wsxlo　loxsw　wolsx　lowsx　swxsw　lolsxw　swosx　xslol　swxolw　wsxos

WWWW　SSSS　XXXX　OOOO　LLLL　OOLL　WWSS　XXSS　OWSL　OWLS　XSOLX　WSXOL　LOXSW　OLXSWL　SOLXW　LSOWL　XSOWL　SXLWOS　SOLOW　WSXOL　OLXWSS　SOLXW　WXLOX　LOSSW　WOLOX　SXLOW

6. Q、A、Z、P键训练

Q、A、Z、P键由左右手小指控制，输入以下英文字母：

pppp qqqq aaaa zzzz qaqa azaz zaza aqaq pqaz pqpq papa pzpz qaxp pqza zaqp azaz zapq qpqz pzaq azpz qqzz aqza zapq qpazzaza paza

QQQQ AAAA ZZZZ PPPP PPZZ PAQA ZAQPZ PZAQQ AZPPP AZQP ZAPZ QPZAA AAQPZ QZAPZ AQZPQ PQQZPA APZQQ PZPQZ ZZAP

7. 符号键训练

进行符号练习时注意在英文输入状态和五笔输入状态下输入的符号是不一样的，此处练习英文输入状态下符号的输入，注意上档符号和下档符号的切换，输入以下符号：

下档符号：,,,,…. //// ;;;; ‘’’’’’ [[[[ ]]]] \\\\ ＝＝＝ ————

上档符号：＜＜＜＜ ＞＞＞＞ ???? ::::“ “ “ ” {{{{ }}}} |||| (((( )))) *** &&& ~ %%% $$$ ### @@@ !!! ～～～

8. 数字键训练

数字可通过主键盘区和小键盘区输入，此处练习由主键盘区输入，输入以下数字：

1111 2222 3333 4444 5555 6666 7777 8888 9999 0000

1234567890 2311234567890 0987654321 234589 98007665 231573422 2314998877 889004 0123456789 635698741 256987116 2365841236 59855425 88854122 25441256

9. 综合训练

输入以下字符：

Q tI o 9 p n[ ]{} .,。,《 》United＜＞w n o x e “”” “ 6 8 0 : : of the; ; ?? / 、\ j p h b n m y u f《,,, 8765——＝ ———— ＝、erisnil Nations%…… 8908— ommission……－＋(* 654＃ •！ Human ～～～＋|＝、、、、Con Rights {}[];‘:“?)

（三）击键要点

击键方法是否正确将直接关系到输入文字的速度和正确性。在击键时要注意以

下几点：

（1）击键时手腕保持平直，指关节用力而不是手腕用力。

（2）要严格按手指的键位分配进行击键，不要随意击键。

（3）击键要迅速，击键时间不宜过长，敲击一下即可，否则容易重复输入。

（4）每一次击键动作完成后，手指要习惯地回到各自的基准键位。

（5）回到基准键位时，不要用眼看，要习惯用食指触摸 J 和 F 键上的小横杠。

进行指法和文字录入技能训练时可借助相关的练习软件。例如，金山打字通是金山公司推出的一款教育系列软件，有很多版本，其功能基本相似。金山打字通可以针对用户水平定制个性化的练习课程，以循序渐进的方式提供英文、拼音、五笔、数字符号等多种输入练习，使枯燥的打字练习变得生动有趣。

即测即评 4-1

启动金山打字通软件，在“英文打字”选项卡中，将“键位练习（初级）”下“键盘布局”选项中的练习重复 10 遍以上，以便尽快熟悉键位、做到盲打。在此基础上，完成以下测评：

（1）启动金山打字通软件，进入英文打字的键位练习（初级），单击“课程选择”按钮，在打开的对话框中选择“键位课程”，任选一项进行测评。

测评要求：每分钟输入 200 个字母，正确率 95%以上。

（2）重复金山打字通中“英文打字”选项卡，“键位练习（初级）”下“键位布局”的练习。

测评要求：每分钟输入 200 个字母，正确率 95%以上。

（3）启动金山打字通软件，进入“英文打字”的单词练习，单击“课程选择”按钮，在打开的对话框中选择“初级英语词库”进行测评。

测评要求：每分钟输入 200 个字母，正确率 95%以上。

（4）启动金山打字通软件，进入“英文打字”的文章练习，单击“课程选择”按钮，在打开的对话框中选择一篇文章进行测评。

测评要求：每分钟输入 200 个字母，正确率 95%以上。

任务二 中文录入

任务分析

本任务的教学重点是五笔字型输入法单字的录入方法，教学的难点是熟练掌握字根。

一、中文输入法的种类

根据输入时的媒体类型，汉字输入可分为语音输入和非语音输入两类。目前，语音输入已有一定的实用价值，但离完全实用尚有较大距离。

非语音输入中，又有键盘输入、手写输入、鼠标输入和扫描输入等。其中，手写输入经软件学习可达到实用；鼠标输入采用者甚少；扫描输入已广泛应用，但存在识别率有待进一步提高、只能输入已成文稿的资料等问题。人们目前采用最多的依然是键盘输入，这也是金融机构从业人员必须掌握的输入方法。

键盘输入法是指通过键入汉字的不同编码来输入汉字的方法。按编码的方法，汉字输入编码方案可分为形码、音码及二者的混合三类。目前，汉字输入编码方案已达千余种，但真正常用的只有十余种，其中最常用的是拼音输入法和五笔字型输入法。

拼音输入法是通过汉语拼音来输入汉字，常见的有全拼法、双拼法、微软拼音法、智能 ABC、搜狗拼音输入法等。拼音输入法的优势在于易学、不用记忆、与思维相通，但仍存在重码多、不认识的字不易输入、方言不便等缺点。拼音输入法适合普通的电脑操作者，但不适合对打字速度和精确度有特殊要求的打字员、金融机构柜员等专业人员。

五笔字型输入法是最早在中国推广并得到广泛应用的形码输入法。这种方法重码很少、输入速度较快，且不受识字量和发音的影响，但拆分规则比较特殊，记忆量大，需要专门的训练才能掌握。

对于基本汉字的输入，柜员可以采用自己习惯的输入方法，但是遇上一些不认识的字或偏旁部首，就很难用音码打出来，所以柜员应至少掌握一种音码输入法和一种形码输入法。

价值提升　当代毕昇——王永民

仓颉创造了文字，让文明可以沉淀下来；毕昇发明了活字印刷术，让文明传播到世界的每一个角落。王永民发明了五笔字型输入法，冲破了国内汉字形码快速输入须借助大键盘的思想束缚，首创 26 键标准键盘形码输入方案。从此，只要有数字按键，就能输入汉字的梦想成为现实，开创了汉字输入能像西文一样方便输入的新纪元。

汉语是联合国六种工作语言之一，汉字是世界上使用人口最多的文字之一。随着信息时代的到来，字数多、笔画复杂的汉字使用电脑处理难度大，这日益成为事关汉字命运的世界性难题。

中国进入近代后，在国家危亡、民族自信心受到打击的情况下，众多文人学者纷纷提倡汉字拉丁化。原因是汉字字数众多、学习比较费劲，不利于国民教育的发展。但万幸的是，新中国成立后，政府进行了大规模的扫盲运动，效果非常显著，第一次汉字拉丁化运动就此结束。到了 20 世纪 80 年代，汉字又经历一波拉丁化危机。这时已经进入了计算机技术时代，汉字难以输入电脑，这一问题亟待解决。电脑的键盘是按照英文思维设计的，26 个字母即能拼出所有英语单词。反观汉字，那时想要用它来输入数以万计的汉字，几乎是不可能的，因此有人断言：计算机是汉字文化的掘墓者。国内外也形成了一股强大的舆论，称中国的方块字必将消失，中国文字注定要走上拉丁化道路，并呼吁中国赶紧将汉字拉丁化，以跟上时代。就在这时，王永民发明了五笔输入法，阻止了汉字拉丁化，拯救了汉字的生死存亡。

1984 年秋的一天，王永民自信地应邀走进联合国大楼，在当时号称世界第一的 AT 微机上插进五笔字型软件。操作员信手轻弹，眨眼间，一行又一行方块字飞快地跃上屏幕，操作员按下“口、亻、人、口”四个键，“中华人民共和国”七个字出现在屏幕上。“奇迹！”“字词兼容，举世无双！”赞叹声此起彼伏。击键停止，计算结果是每分钟 112 个汉字。这一数字如一石击浪，轰动了联合国。王永民作为东方文化的使者，6 次走上联合国的讲台，讲述中国汉字的奥妙和汉字输入技术的进展。堪称“中国第一软件”的五笔输入法直接实现了汉字与 26 个英文按键的“无缝连接”。

多年来，五笔字型一直是最有生命力、运用最广泛的计算机中文输入法之一。王永民也因为这项发明获得了印刷界的最高奖励——毕昇奖。

二、五笔字型输入法

（一）五笔字型输入法基础知识

五笔字型输入法是一种根据汉字字型进行编码的输入方法，它的基本思想是将汉字划分为笔画、字根、单字三个层次。笔画组合产生字根，字根拼形构成汉字，如“李”字，可拆分成“木”和“子”两个字根，而这两个字根是由“一、丨、丿、丶、乛、亅、一”这几个笔画构成的。也就是说，由若干笔画连接形成结构相对不变的字根，再由字根按照一定的位置关系拼合起来就构成了汉字。

1. 汉字的五种笔画

五笔字型输入法规定：一次不间断连续写成的一个线段称为汉字的笔画。笔画是构成汉字的最小单位，汉字的基本笔画为横、竖、撇、捺、折五种。为在字型编码时便于记忆，依次用1、2、3、4、5笔画代码来表示（见表4－2）。以五种笔画为基础，可以把任何汉字分解成为单笔画序列并转换为一串代码。

表4－2　汉字的五种笔画

笔画代码	笔画名称	笔画走向	笔形
1	横	从左至右	一
2	竖	从上至下	丨亅
3	撇	右上至左下	丿
4	捺	左上至右下	丶㇏丶
5	折	带弯折的	乙乚㇋㇉乛

2. 汉字的四种结构

五笔字型输入法认为，一切汉字都是由基本字根组合的，基本字根在组合成汉字时，按照它们之间的位置关系可分为单、散、连、交四种结构。

（1）单体结构。单是指汉字本身就是一个字根（成字字根），包括五种基本笔画“一、丨、丿、丶、乙”、25个键名字根和字根中的汉字。它们的取码方法有专门规定，不需要判断字型，如八、用、手、车、马、雨等。

（2）离散结构。散是指构成汉字的字根不止一个，且字根之间有一定的距离。例如，“苗”字由“艹”和“田”两个字根组成，字根间存在距离，其他还有“汉、昌、花、笔、型”等。

（3）连笔结构。连是指一个字根与一个单笔画相连。例如，“丿”下连“目”成为“自”，“丿”下连“十”成为“千”，“月”下连“一”成为“且”。

一个字根和点组成的汉字，也视为相连。例如，“勺”字是“勹”和“、”组成的，五笔字型输入法判断它们是相连的，其他还有“术、太、主、义、斗、头”等。

（4）交叉结构。交是指汉字由两个或多个字根交叉重叠构成的。例如，“夫”由“二、人”交叉构成，“果”由“日、木”交叉构成，“夷”由“一、弓、人”交叉构成，其他还有“申、必、东、里”等。

3. 汉字结构的三种类型

五笔字型输入法认为，根据构成汉字的各字根间的位置关系，可以把成千上万的方块汉字分为三种类型：左右型、上下型、杂合型，依次用 1、2、3 字型代码来表示（见表 4－3）。

表 4－3　汉字结构的三种类型

字型代码	字型	图示	字例	特征
1	左右型		汉、树、结、封	字根间可有间距，总体左右排列
2	上下型		字、莫、花、华	字根间可有间距，总体上下排列
3	杂合型		困、凶、这、司、乘、本	字根间可有间距，但不分上下左右，浑然一体，不分块

（1）左右型汉字（1 型）。在左右型汉字中，又分为两种情况：

两个部分分列左右，其间有一定的距离，如汉、化、胡、仍、计等。

三个部分从左至右排列，或者单独占据一边的部分与另外两部分呈左右排列，如侧、湘、别、谈等。

（2）上下型汉字（2 型）。上下型汉字也有两种情况：

两个部分分列上下，其间有一定距离，如节、安、思、军、愚等。

三个部分上下排列，或者占一层的部分与另外两个部分上下排列，如意、想、花等。

（3）杂合型汉字（3 型）。杂合型是指组成汉字的各部分之间没有简单、明确的左右型或上下型关系，通常有三种情况：

单体型，如电、果、重、夫等。

内外型，如图、团、困、国等。

包围型，如区、句、凶、同、这等。

（二）五笔字型输入法的字根及分布

由汉字的五种笔画组成的相对不变的结构称为字根。字根数量很多，通常把组字力强并且在常用汉字中出现频繁的字根称为基本字根。五笔字型输入法根据使用的频率精选出了130多个基本字根，科学地安排在除Z键之外的25个英文字母键上（见图4-9）。这当中多数是一些传统汉字部首，但根据需要也选用了一些不是部首的笔画结构。

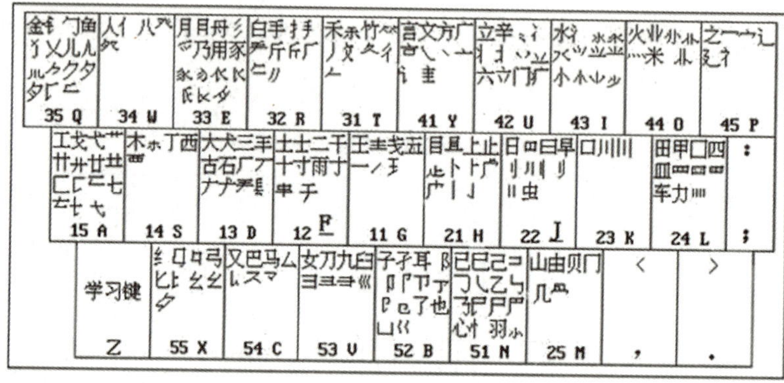

图4-9　五笔字型键盘字根总图

五笔字型输入法把基本字根的25个键分为横、竖、撇、捺、折五个区，每个区又分为五个位，用区号位号11～55共25个代码表示，每一个区位号与键盘上的一个英文字母相对应，具体分配情况如图4-10所示。

每个字根键位左上角的字根称为键名。从图4-9可以看出，基本字根具有以下特征：

（1）字根的首笔画码与其所在的区号一致，相当一部分字根的次笔画码与键位号一致。例如，“言、文、方、广”的首笔画都是点，笔画码为4；次笔画是横，笔画码为1，所以它们的字根代码都是41（Y键）。

（2）形态相近或相似的字根安排在同一键上。例如，“王”字键上有“王、戋、五”等字根；“日”字键上有“日、曰、虫”等字根。

（3）由同一笔画构成的字根，首笔画码与其所在的区号一致，而笔画数与键位号一致。例如，横笔的代号为1，那么11代表一个横笔“一”，12代表两个横笔

“二”，13 代表三个横笔“三”；与此相似，一个点在 41 键上，两个点在 42 键上，三个点在 43 键上，四个点在 44 键上。

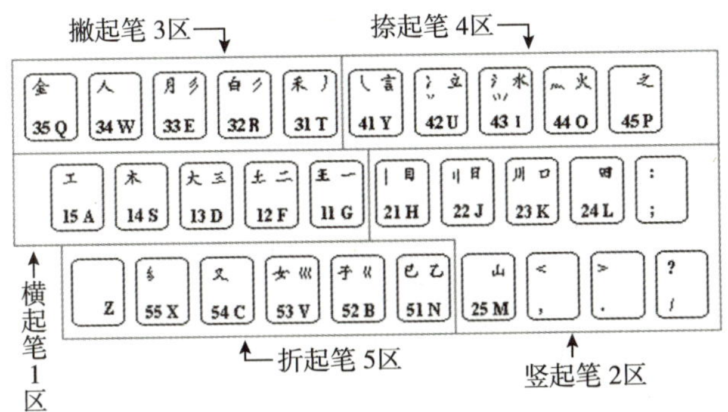

图 4－10 五笔字型基本字根排列表

（4）偏旁部首与同源字根安排在同一键。例如，“金”与“钅”在 Q 键，“水”与“氵”在 I 键，“人”与“亻”在 W 键。

为了便于记忆，五笔字型输入法提供了一套“字根助记词”，每一句字根助记词基本上概括了一个区位上的字根。使初学者能够很顺口地“读出”每个区位上的字根，增强了学习的趣味性，也可以加快记忆速度。字根助记词如下：

11 王旁青头戋（兼）五一

12 土士二干十寸雨

13 大犬三羊古石厂

14 木丁西

15 工戈草头右框七

21 目具上止卜虎皮

22 日早两竖与虫依

23 口与川，字根稀

24 田甲方框四车力

25 山由贝，下框几

31 禾竹一撇双人立，反文条头共三一

32 白手看头三二斤

33 月彡（衫）乃用家衣底

34 人和八，三四里

35 金勺缺点无尾鱼，犬旁留叉儿一点夕，氏无七（妻）

41 言文方广在四一，高头一捺谁人去

42　立辛两点六门病（疒）

43　水旁兴头小倒立

44　火业头，四点米

45　之字军盖道建底，摘礻(示)衤(衣)

51　已半巳满不出己，左框折尸心和羽

52　子耳了也框向上

53　女刀九臼山朝西（彐）

54　又巴马，丢矢矣（厶）

55　慈母无心弓和匕，幼无力（幺）

（三）单字的输入

1. 字根详解

（1）第一区字根。

11　王旁青头戋（兼）五一

12　土士二干十寸雨

13　大犬三羊石古厂

14　木丁西

15　工戈草头右框七

第一区字根详解：

G（11）键上，键名字根“王”及“戋”的首、次笔都为“横”，代码为 11。“五”与“王”字形态相近。“一”的首笔为 1，笔画数为 1，也放在 11 区位上。

F（12）键上，键名字根“土”的首、次笔代码为 12，“士、干”与“土”字形态相近。“二”字的首笔为 1、笔画数为 2。“十、寸、雨”这三个字的首笔为 1，次笔为 2，代码为 12。

D（13）键上，键名字根“大”与“犬”形态较近，且首、次笔代码为 13。“三”字的首笔为 1，笔画数为 3。“石、古”形态接近，“石”字的首、次笔代码为 13。

S（14）键上，键名字根“木”字的首、末笔代码为 14，“西”字的首笔代码为 1、下部像“四”，故放在 14 位。

A（15）键上，“工、匚”形态相近，“匚”字首、次笔代码为 15。“七、弋、戈”形态相近，且首、次笔代码为 15。“廿、艹”形态相近，“廿”的首、次笔代码为 15。

（2）第二区字根。

21　目具上止卜虎皮

22　日早两竖与虫依

23　口与川，字根稀

24　田甲方框四车力

25　山上贝，下框几

第二区字根详解：

H（21）键上，键名字根“目、具”首笔为“竖”，代码为 2，形状与 21 键上的字母 H 相近。“上、止”首、次笔代码为 21，且形态相近。“丨”笔画数为 1，与“卜”形近。

J（22）键上，“日、早、虫”字根形态相近。“早”是一个复合字根，解码时不能分成“日”和“十”。“刂”等字根的特征为“两竖”，其首笔代码为 2，笔画数为 2，它们的形态非常接近，应进行联想记忆。

K（23）键上，键名字根“口”与字母 K 的发音接近，可产生联想。“川”的特征是“三竖”，所以应放在 23 键上。

L（24）键上，主要字根以大框为特征。“田、甲”字型相近，“囗”为田字框。“车”的繁体字与“甲”形似。“四”首笔代码为 2，字音为四声，放在 24 键上，而“四、皿”等字根的字型又很相近，应产生联想记忆。“力”的读音为 LI，因此放在 L 键上。

M（25）键上，“山、由、冂、几、贝”字根的首笔代码为 2，次笔代码为 4，“山、由”两字根形相似。而“冂、几、贝”几个字根形近，与 M 字母的形相似。

（3）第三区字根。

31　禾竹一撇双人立，反文条头共三一

32　白手看头三二斤

33　月彡（衫）乃用家衣底

34　人和八，三四里

35　金勺缺点无尾鱼，犬旁留叉儿一点夕，氏无七（妻）

第三区字根详解：

T（31）键上，大多数字根的首、次笔代码为 31，“攵、夂”两字根形近。“彳”与“竹”形近，“丿”的笔画数为 1，因此放 31 上。

R（32）键上，键名字根“白”的首、次笔代码为 32。“手”首笔代码为 3，加两横与“三”形相似；“扌”读作“提手”，因此与“手”放在同一键上。

E（33）键上，字根“乃、用”与键名字根“月”形近；“彡”首笔代码为 3，笔画数为 3。“家衣底”指的是这三个字下面部分的字根。

W（34）键上，键名字根“人”的首、次笔代码为 34，“亻”为“人旁”，与“人”形似。“八”首、次笔代码为 34。

Q（35）键上，键名字根“金”与“钅”相近。其余字根“勹、儿、夕”首、次笔代码为 35。

（4）第四区字根。

41　言文方广在四一，高头一捺谁人去

42　立辛两点六门病（疒）

43　水旁兴头小倒立

44　火业头，四点米

45　之字军盖道建底，摘礻(示)衤(衣)

第四区字根详解：

Y（41）键上，键名字根“言”的首、次笔代码为 41，“讠”即“言旁”。“亠、广、文、方”的首、次笔代码为 41。

U（42）键上，以两点为特征。“六、辛”与键名字根“立”形似。“门”的首、次笔代码为 42。“疒”首笔代码为 4，有两点，这几个字根形近。

I（43）键上，以三点为特征。“氵”与键名字根“水”意同，其他与键名字根“水”来源相同。

O（44）键上，以四点为特征。而首笔代码为 4，笔画数为 4。键名字根“火”和“灬”形似。“米”外形有四个点，所以放在 44 键上。

P（45）键上，“之、辶、廴”形似，且首、次笔代码为 45。“冖、宀”因为宝盖形近，且“冖”首、次笔代码为 45。视字旁“礻”和衣字旁“衤”助记词读作“摘示衣”。

（5）第五区字根。

51　已半巳满不出己，左框折尸心和羽

52　子耳了也框向上

53　女刀九臼山向西（彐）

54　又巴马，丢矢矣（厶）

55　慈母无心弓和匕，幼无力（幺）

第五区字根详解：

N（51）键上，“巳、己、尸”与键名字根“已”形近，且首、次笔代码为 51。

"心"为外来户，"乙"折笔的笔的笔画数为 1，与键位号一致。

B（52）键上，大多数字根的首、次笔代码为 52。另外，"子、孑、了"形近；"耳、阝、卩"意同且形近。

V（53）键上，键名字根"女"及"刀、九"的首、次笔代码为 53，"巛、彐、臼"折笔为 3，因此放在 53。

C（54）键上，键名字根"又"的首、次笔代码为 54，"厶"的首、次笔代码为 54；"巴、马"首笔为"折"，因相容关系放在 54 键上。

X（55）键上，"纟、幺"的首、次笔代码为 55，且形近；"弓"的首、末笔代码为 55，"匕"的首笔代码为 5，因相容关系放在 55 键上。

2. 键名和成字字根的输入方法

（1）键名输入方法。

键名都是一些组字频率较高而形体上又有一定代表性的字根，它们中大多数本身就是一个汉字。输入键名汉字时，只要把它们所在的键连击四次就可以了。例如：

金（qqqq）　王（gggg）　禾（tttt）　言（yyyy）

（2）成字字根输入方法。

在字根键位分区图中，每个键位除了键名字根外还有数量不等的几种其他字根，其中有部分字根本身也是一个汉字，称为成字字根。

成字字根的输入方法是：键名所在键＋首笔画码＋次笔画码＋末笔画码。如果该字根只有两个笔画，则按空格键结束。例如：

雨：雨一丨丶（fghy）　辛：辛丶一丨（uygh）　丁：丁一丨（sgh 空格）

对于五种基本笔画的编码，则按两次所在键后，再按两次 L 键。例如：

一：ggll　丨：hhll　丿：ttll　丶：yyll　乙：nnll

3. 单字的输入方法

（1）拆分原则。

汉字编码时需要将汉字拆分成几个基本字根，一般遵循以下拆分原则：书写顺序；取大优先；兼顾直观；能散不连，能连不交。

1）书写顺序：指的是在拆分汉字时，讲究先左后右，先上后下，先横后竖，先撇后捺的顺序。例如：

暂：车、斤、日 √　　　　新：立、木、斤 √

　　车、日、斤 ×　　　　　　立、斤、木 ×

2）取大优先：指的是在各种可能的拆法中，保证按书写顺序拆分出尽可能大的字根，以保证拆分出的字根数最少。例如：

世：廿、乙　　√

　　一、凵、乙 ×

显然，后者是错误的，因为其第二个字根“凵”，完全可以向前“凑”到“一”上，形成多一个笔画的字根“廿”。例如：

适：丿、古、辶　　√

　　丿、十、口、辶 ×

3）兼顾直观：指的是在拆字时，尽量照顾字的直观性，一个笔画不能分割在两个字根中。例如：

国：囗王丶　　√

　　冂王丶一　×

4）能散不连，能连不交：指的是如果一个单字可以拆为几个基本字根的散的关系，就不要拆成连的关系；能拆为连的关系，就不要拆成交的关系。例如：

天：一、大 √　　　于：一、十 √

　　二、人 ×　　　　　二、丨 ×

（2）输入方法。

若汉字拆分后的字根超过四个，则取第一、二、三、末字根进行编码。例如：

整：一、口、小、止（gkih）

攀：木、乂、乂、手（sqqr）

若汉字拆分后的字根正好四个，则依次取码。例如：

歪：一、小、一、止（gigh）

椅：木、大、丁、口（sdsk）

若汉字拆分后的字根不足四个，则先依次取码，再补上“末笔字型识别码”，如果仍不足四码，则补打空格键结束。

注意：“口”和“八”两个字根，可以组成“只”与“叭”，它们的编码完全相同，要区分它们，只能根据它们的字型；而S键上有“木、丁、西”三个字根，当它们左边加上三点水时，便成为“沐、汀、洒”，它们的编码也完全相同，如果要区分它们，则只能根据它们最后一笔的笔画。为了减少重码，需要引入汉字的“末笔字型识别码”的概念。

（3）末笔字型识别码。

末笔字型识别码是将汉字的“末笔”代码作为十位，“字型”代码作为个位所构成的两位数，即“末笔代码＋字型代码”，被称为汉字的末笔字型交叉识别码。例如：

洒：末笔为“一”，代码为 1；字型为左右型，代码为 1；识别码为 11（G）

沐：末笔为“丶”，代码为 4；字型为左右型，代码为 1；识别码为 41（Y）

由于汉字的笔画有五种，字型有三种，因此末笔字型交叉识别码共 15 种（见表 4－4）。

表 4－4　末笔字型交叉识别码

字型代码	末笔代码				
	横（1）	竖（2）	撇（3）	捺（4）	折（5）
左右型（1）	G（11）	H（21）	T（31）	Y（41）	N（51）
上下型（2）	F（12）	J（22）	R（32）	U（42）	B（52）
杂合型（3）	D（13）	K（23）	E（33）	I（43）	V（53）

单字的输入口诀：

五笔字型均直观，依照笔顺把码编；
键名汉字打 4 下，基本字根请照搬；
一二三末取四码，顺序拆分大优先；
不足四码要注意，交叉识别补后边。

（4）末笔的特殊约定。

约定 1：对“辶、廴”的字和全包围字，它们的“末笔”规定为被包围部分的末笔（见图 4－11）。

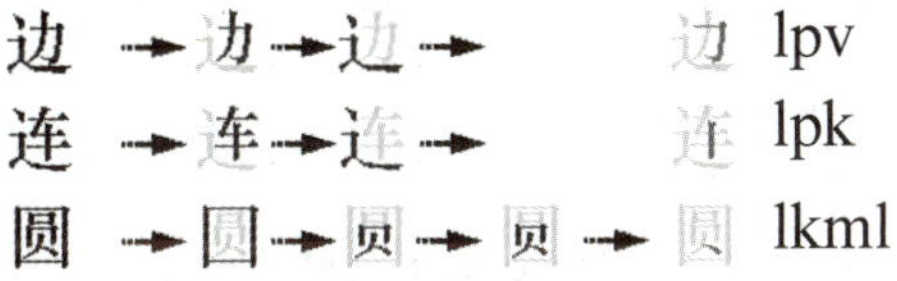

边 → 边 → 边 → 边 lpv
连 → 连 → 连 → 连 lpk
圆 → 圆 → 员 → 员 → 圆 lkml

图 4－11　末笔特殊约定 1 示意图

约定 2：对“九、刀、七、力、匕”等字根，当它们参加“识别”时一律用“折笔”作为末笔（见图 4－12）。

仇 → 仇 → 仇 → 仇 wvn
券 → 券 → 券 → 券 → 券 udvb

图 4－12　末笔特殊约定 2 示意图

约定 3：“我、贱、成”等字的“末笔”，遵循“从上到下”的原则，末笔应该是“丿”（见图 4－13）。

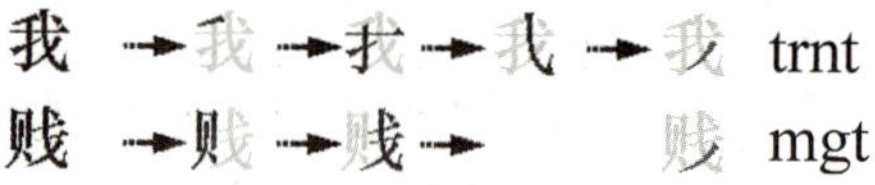

我 →我→我→我→我 trnt
贱 →贝→贱→ 贱 mgt

图 4-13 末笔特殊约定 3 示意图

约定 4：带单独点的字，如“义、太、勺”等，可以把“、”当作末笔，并且认为“、”与附近的字根是“连”的关系，所以为杂合型（见图 4-14）。

义 →义→义→义 yql
太 →大→太→太 dyl
勺 →勺→勺→勺 qyl

图 4-14 末笔特殊约定 4 示意图

实战训练 4-2

在“中文录入技能训练”的文件夹内新建一个文本文档，命名为“字根输入训练.txt”，在此文档中输入练习 1、2 的内容，每个练习至少练习十遍；在“中文录入技能训练”的文件夹内新建一个文本文档，命名为“单字输入训练.txt”，在此文档中输入训练 3～5 的内容，每个练习至少练习十遍。

1. 键名输入训练

王土大木工　目日口田山　禾白月人金　言立水火之　已子女又纟

2. 成字字根输入训练

一　五　戋　士　二　干　十　寸　雨　犬　三　古　石　厂　丁　西　七　弋　戈　廿　卜　上　止　曰　早　虫　川　甲　四　车　力　由　贝　几　竹　手　斤　乃　用　八　儿　夕　广　文　方　六　辛　门　小　米　己　巳　尸　心　羽　了　耳　也　刀　九　白　巴　马　弓　匕

3. 无简码字的四根字训练

辈蠕匿墓暮　募薯噪唬帖　韭槽帧厨型　删堤垣矗墟　露橱勤题贵
丰茬踏酣韩　幕耐醛桐躁　崖域砸撰追　氧耀吟泳悠　犹游愚愿怎
痘痹捶颤端　蔑墙善筹献　养篮鸦抓赌　雕捌街射甥　甜署牲徘蜘
躲筒跃牌躺　痹智嗅喊娇　稗蹭蝉颤痴　掣酬稠箅犊　蹲躲缺罐监
街靠篮酶蔑　摸摹摩牌抨　撇瓢筛射甥　牲柿嗜酞躺　蹄筒颓循鸦

雅养跃攒咋　蜘智州两锄　锤锺幌傲豹　踩搀猖唇搭　舰爹资猪鸽
埔鸥俞躯斯　藓彪烈播澜　漾逾熬傲捌　稗堡豹蹦逼　痹弊彪鳖濒
搏膊擦猜踩　蹭搽察搀蝉　颤猖常敞掣　趁橙澄痴酬　稠筹锄穿船
捶椿唇蠢茨　蹿淬搭戴袋　诞捣道盗蹬　登颠滇靛淀　雕爹侗洞逗
痘犊赌端蹲　遁躲额遏藩　樊敷袱腐糕　歌鸽割羹梗　毡肇甄蒸掷
命翻孩孩撰　俺饱壁扁憋　荒慧讳惑稽　翘窍氰惹煸　朔穗愚愿肇
褐撬恰耀氧　废鸟励惋　　兜酵炼垮郸　鹅舒掘您鄂　馋畅惩传醇
戳词聪葱郸　都顿钝堕鹅　恶鄂翻孵阜　该感港跪亥　憨含撼憾核
褐患荒慧讳　惑稽拣饺教　酵竭踞掘咳　恐垮廓懒炼　馏颅卖脉氓
寐猛蜜命慕　捻念懦篇偏　泼黔龋惹韧　甚盛饰舒戌　朔塑穗蹋毯

4. 无简码字的三根字训练

封场奇厘植　唯置圆待等　告彻程推抗　住今触剂市　美判单润悟
阻剥刑敖琼　赶坤坍霍绣　奎砧厕酥配　朽蕾芜葫茄　恭苟芦荤虏
虾蛆晾蛹吁　呕哭啄岸贼　贴屹徒秸廷　刮辞臭卤秧　筋愁捂挂拜
皋拈爪捏皑　扦卑誓掠拌　抉拂腮债佳　伎伏倡仲仟　仰佯岔忿昏
钟钒狈锈狄　卯钓钧饯刨　饵诚旅讫谁　讹诌庐谆豪　肩诀扇忘妄
诵系闺痔眷　誊翔瓶羌酋　疟童剖兑彦　阎凉瘴洼洒　湘泄涅溅尚
沃雀渔涧忍　漏粪炯烂礼　怯惜悼惶翟　惊忙买屑坠　聂君恳妒

5. 无简码字的二根字训练

正麦青弗幻　走井击元未　声去云套奋　页故矿泵万　杆苦草苗艺
卡里旱足吗　固回连岩见　千自利备血　冬看牛迫气　把逐伍什企
余位仅杀讨　床访应京壮　兰状头章问　疗油粒农异　改尺飞孟孔
召隶她奴幼　乡纹弄吾盏　歹玛圭卉刊　雷坝坊垃亏　厌硒夯矽丈
辜尤厄码枉　弘栈杜栖栗　杠朴杏贾枚　柏杉粟札匡　甘戎戒昔茧
匣芹艾匹汞　巨芯节卓旺　旦晒冒申蛊　旷蚊蚂曳吐　咕吠叮叭邑
困轧贱冉巾　败岁冈丹笺　壬秆午舌叉　香笛秃舟乏　乞私笆皇丘
扛皂扯拍拥　扒斥泉扎肚　肘肪孕舀仁　仕付伏伐仆　佣父仿仔仓
仇仑旬钾铀　钡铂匆钥锌　毋勾庄讣驰　齐卞吝库庙　讥亢哀亦户
亡亨玄羊闲　丫音闽闸闷　闯疤浅尘汗　汗沽汇泪汕　沂汐洱汝粕
宋冗穴宰刁　眉忻翌屎尿　忌孜耶奸尹　刃丸圣驮驯

（四）简码输入法

为了减少击键次数，提高汉字输入速度，五笔字型输入法提供了简码输入方式，即对多数常用汉字只需取该字全码的最前面一个、二个或三个字根（码）输入，这就形成了所谓的一、二、三级简码。

1. 一级简码

五笔字型输入法挑出了在汉语中使用频率最高的 25 个汉字，把它们分布在键盘的 25 个字母上，并称为一级简码，又称高频字，如图 4－15 所示。

图 4－15　一级简码

输入一级简码的方法为：按一下简码字所在的键，再按一下空格，即字键＋空格。

2. 二级简码

五笔字型输入法将较为常用的汉字定义为二级简码，输入时只取其全码的前两个字根编码。25 个键位最多允许有 625 个汉字可用二级简码。

二级简码的输入方法为：首字根编码＋次字根编码＋空格。例如：

天（gs 空格）　　左（da 空格）　　顾（db 空格）

3. 三级简码

三级简码是取汉字全码中的前三个字根编码作为该字的代码，共有 4 400 多个。

三级简码的输入方法为：前三个字根编码＋空格。例如：

解（qev 空格）　　情（nge 空格）　　赋（mga 空格）

实战训练 4-3

在“中文录入技能训练”的文件夹内新建一个文本文档，命名为“简码输入训练.txt”，在此文档中输入练习 1～3 的内容，每个练习至少练习十遍。

1. 一级简码训练

(1) 不要以为我是这工地上的有产人，一同在中国发了经（济 IYJ）和民主。

(2) 我以为不是这工地上的有产人，（也 BN）要在中国发（展 NAE）经（济 IYJ）和民主。

(3) 有我上工地，主要产的不是经；为了中国人，在这和（以）民一同发。

(4) 不要以为我是这工地上的民工，主人和我同在中国发了，是有一产经。

2. 二级简码训练

A B C D E F G H I J K L M N O P Q R S T U V W X Y

G 开 屯 到 天 表 于 五 下 不 理 事 画 现 与 来 ★ 列 珠 末 玫 平 妻 珍 互 玉

F 载 地 支 城 圾 寺 二 直 示 进 吉 协 南 志 赤 过 无 垢 霜 才 增 雪 夫 ★ 坟

D 左 顾 友 大 胡 夺 三 丰 砂 百 右 历 面 成 灰 达 克 原 厅 帮 磁 肆 春 龙 太

S 械 李 权 枯 极 村 本 相 档 查 可 楞 机 杨 杰 棕 构 析 林 格 样 要 检 楷 术

A 式 节 芭 基 菜 革 七 牙 东 划 或 功 贡 世 ★ 芝 区 匠 苛 攻 燕 切 共 药 芳

H 虎 × 皮 睚 肯 睦 睛 止 步 旧 占 卤 贞 卢 眯 瞎 餐 睥 盯 睡 瞳 眼 具 此 眩

J 虹 最 紧 晨 明 时 量 早 晃 昌 蝇 曙 遇 电 显 晕 晚 蝗 果 昨 暗 归 蛤 昆 景

K 呀 啊 吧 顺 吸 叶 呈 中 吵 虽 吕 另 员 叫 咪 喧 史 听 呆 呼 啼 哪 只 哟 嘛

L 轼 团 轻 因 胃 轩 车 四 ★ 辊 加 男 轴 思 辚 边 罗 斩 困 力 较 轨 办 累 罚

M 曲 邮 凤 央 骨 财 同 由 峭 则 ★ 崭 册 岂 赕 迪 风 贩 朵 几 赠 × 内 嶷 凡

T 长 季 么 知 秀 行 生 处 秒 得 各 务 向 秘 秋 管 称
物 条 笔 科 委 答 第 入

R 找 报 反 拓 扔 持 后 年 朱 提 扣 押 抽 所 搂 近 换
折 打 手 拉 扫 失 批 扩

E 肛 服 肥 须 朋 肝 且 胩 膛 胆 肿 肋 肌 甩 膦 爱 胸
遥 采 用 胶 妥 脸 脂 及

W 代 他 公 估 仍 会 全 个 偿 介 保 佃 仙 亿 伙 ★ 你
伯 休 作 们 分 从 化 信

Q 氏 凶 色 然 角 针 钱 外 乐 旬 名 甸 负 包 炙 锭 多
铁 钉 儿 匀 争 欠 ★ 久

Y 度 离 充 庆 衣 计 主 让 就 刘 训 为 高 记 变 这 义
诉 订 放 说 良 认 率 方

U 并 闻 冯 关 前 半 闰 站 冰 间 部 曾 商 决 普 帝 交
瓣 亲 产 立 妆 闪 北 六

I 江 池 汉 尖 肖 法 汪 小 水 浊 澡 渐 没 沁 淡 学 光
泊 洒 少 洋 当 兴 涨 注

O 煤 籽 烃 类 粗 灶 业 粘 炒 烛 炽 烟 灿 断 炎 迷 炮
煌 灯 烽 料 娄 粉 糨 米

P 宽 字 ★ 害 家 守 定 寂 宵 审 宫 军 宙 官 灾 之 宛
宾 宁 客 实 安 空 它 社

N 民 敢 怪 居 ★ 导 怀 收 悄 慢 避 惭 届 忆 屡 忱 懈
怕 ★ 必 习 恨 愉 尼 心

B 陈 子 取 承 阴 际 卫 耻 孙 阳 职 阵 出 也 耿 辽 隐
孤 阿 降 联 限 队 陛 防

V 毁 好 妈 姑 奶 寻 姨 叟 录 旭 如 舅 妯 刀 灵 巡 婚
★ 杂 九 嫌 妇 ★ 姆 妨

C 戏 邓 双 参 能 对 骊 ★ ★ 骒 台 劝 观 马 × 驼 允
牟 骠 矣 骈 艰 难 ★ 驻

X 红 弛 经 顷 级 结 线 引 纱 旨 强 细 纲 纪 继 综 约
绵 ★ 张 弱 绿 给 比 纺

A B C D E F G H I J K L M N O P Q R S T U V W X Y

注：

(1) 王码二级简码表中没有的字有 7 个：骈 cu、胩 eh、膦 eo、噗 ko、轼 la、赕 mo、叟 vh。其实这 7 个字都是三级简码字（骈 cua、胩 ehh、膦 eoq、噗 kog、轼 laa、赕 moo、叟 vhc），但在输入两个编码后按空格键时会自动出现，也相当于二级简码，准确地说，在 86 版五笔编码中有 599 个二级简码字。

(2) 有“×”的为无字二码域，共 3 个：hb；mv；co。

(3) 有“★”的二码域可输入词组，共 16 个：gp 不定期、fx 超级大国、ao 工业区、li 团党委、mk 风吹草动、wp 倾家荡产、qx 煞费苦心、pc 客观存在、ne 避孕药、ns 尽可能、vr 忍气吞声、vw 群众观点、ch 能上能下、ci 邓小平、cx 又红又专、xs 纵横驰骋。

(4) 同时为一级简码字的有 11 个：不、地、要、中、同、主、为、这、产、民、经。键名字有 3 个：大、水、子。

3. 三级简码训练

琳霸震栽霖　磊硅奔柑桂　椅棋禁某森　苷莽芋硅磊　唱莫辕坷棵　埋桔柯枷勒
晶茵蛙蜡蛔　哇呵咖品咽　模畦架碴颧　哥菲蔓喷荔　颗曝啡嘲嘻　鄙器喳嘶噶
嘿畸罪距罩　瑞坦填帆跺　蚌盅苦横周　项布辐吊帅　碍埋颧啡楔　凸量梧柯哉
非桔柯枷若　哩咽咖畦架　堪碴畸盎别　柄蚕曹喘串　醋碘碉顶垛　剁而贰辐幅
赴副赋嘎埂　贺磺蛔惠碱　荐践荆跨眶　喇辆帽瞄囊　虐嵌融瑞珊　砷师是硕嗣
碳踢吞蜗吴　武晤厦吓咸　厢醒需勋芽　蚜焉盐研椅　英硬映盂虞　芋越酝匝再
栅战趾峙瓣　阁算片赣蛀　岳许缸柱措　首阐疼担微　箍攘拳病乒　闹新敌垂辨
椰爷揖以抑　意翼荫饮印　迎咏永优忧　薪政诸栏操　桥御幸舞店　特碧摆奢碑
癌蔼摆斑班　梆碑笨鼻碧　蓖蔽币闭辩　秤病帛裁材　操策插差拆　冲畴幢簇磋
搓措担德敌　掂店凋掉调　跌董豆堵睹　短盾蛾峨矾　诽蜂峰逢覆　盖搞稿搁巩
拐捍杭乎话　徊凰谎箕疾　挤简减槛讲　轿谨靳境咎　矩攫菌咯考　拷课坑吭筐
捆摁括辣啦　蓝栏拦谰揽　擂梨犁莉丽　痢撩撂临凛　捞路赂略谩　棉描蘑抹蔟
谋牧闹诺哦　啪帕排畔乓　培赔砰啤拼　坪苹瓶评菩　旗乾堑蔷橇　桥乔圈拳壤
嚷攘擅墒晌　奢身诗拭噬　试首寿兽暑　税撕算损蓑　檀谭特疼图　团蜕托唾往
微瘟熏舞雾　误晰牺檄席　喜峡夏羡箱　襄详响哮晓　笑挟谢薪新　衅星幸许压

衙讶谚痒医　禹语御岳阅　咱暂赃乍诈　摘斋樟酌杖　帐账哲者蔗　振征政症证
质种重诸拄　著柱蛀筑桩　装撞捉着族　醉尊柞拐先　彤歇脯哎锻　价玫萝艳众
铅欧钞斧贿　嚼讽将肺崔　均兢崩觅砍　暖殉爽鲜舆　园裔般赵铸　琢秦豺卵豢
远壳容炳哎　鞍肮袄奥澳　佰搬般伴榜　膀棒磅镑傍　滂褒薄宝暴　鲍爆杯倍焙
崩甭迸敝鞭　贬便标膘彬　滨摈兵丙锻　段堆哆俄筏　阀番烦泛肺　酚焚枫锋疯
讽奉否肤扶　符涪福甫抚　俯釜斧脯腑　府傅胙腹富　咐钙刚钢岗　价歼柬箭件
剑僵将浆蒋　浆奖蕉椒礁　焦浇嚼铰狡　揭截洁藉芥　襟锦兢竟揪　萝逻锣箩落
洛蛮茫锚铆　镁昧萌蒙檬　盟梦醚觅幂　免棉描藐螟　鸣铭蘑抹沫　漠寞谋牧穆
呐钠奈闹淖　腻镍柠狞拧　泞脓浓暖糯　诺哦欧殴偶　沤啪趴帕排　湃派攀盘畔
乓旁胖膀袍　跑呸胚培赔　佩砰棚硼膨　鹏捧碰啤痞　片漂拼频乒　坪苹瓶评铺
莆葡菩谱瀑　郧憎辗展障　怔拯忠昼瞩　专转拙茁总　隅鸳怨院悦　孝恩廖嘱隘
氨昂懊邦苞　惫辟饼拨勃　怖苍肠郴臣　诚吃迟齿楚　屿郁苑郑毛　蕊房抿扭书
苦恬乌戊拟　屈函悉伺侯　芒辑塌囤胞　雹抱遍埠沧　滁除础疮创　淳存撮耽氮
惮蛋荡惦殿　叼碟蝶谍鼎　懂恫陡读墩　吨敦惰扼饿　范饭房氛愤　俘浮附疙隔
棺馆龟柜郭　邯涵悍郝号　阂哼恒喉吼　厚候忽护沪　慌恍恢饥辑　悸假郊阶烬
尽局拒据锯　惧炬剧倔凯　刻窟夸筷快　悝憬愧篱厉　璃恋聊廖窿　隆陋炉鹿陆
戮履虑孪乱　迈芒盲茂锰　泌密眠抿悯　陌氛脑恼馁　拟逆碾钮咆　泡陪匚烹霹
僻聘屏祁起　启迄汽枪抢　呛禽情邱屈　趣缺饶扰孺　乳阮蕊萨瑟　陕慎施虱蚀
恃蔬疏赎属　刷司伺似耸　怂溯隋随隧　祟态汤陶惕　慢箍屉屠拖　椭瓦危韦惟
苇伟尾蔚慰　握钨乌污戊　息悉犀隙暇　险想巷孝写　卸邢性匈羞　戌恤旋汛讯

（五）词组输入法

以词组为单位输入可以提高速度。五笔字型输入词组时一律取四个码，其取码规则如下：

1. 双字词组

每字取其单字全码中的前两个字根编码组成四个码。例如：

系统（txxy）　选择（tfrc）　总结（ukxf）　电脑（jney）　操作（rkwt）

2. 三字词组

前两个字各取其第一码，最后一个字取其前两个码，共四个码。例如：

计算机（ytsm）　实验室（pcpg）　联合国（bwlg）　现代化（gwwx）

3. 四字词组

每个字各取其第一码组成四个码。例如：

操作系统（rwtx）　科学技术（tirs）　想方设法（syyi）　循序渐进（tyif）

4. 多字词组

取前三个字和最后一个字的第一码。例如：

中华人民共和国（kwwl）　中央电视台（kmjc）　辩证唯物主义（uyky）

其实，词组的编码规则比单字简单，更容易掌握。对于大部分常用词组，都能用词组输入法进行输入，只有一小部分不能用词语输入法进行输入。另外，能否用词组输入法来输入词组，还与计算机内存储的词汇量有关。

应当特别注意的是：当“键名汉字”和“成字字根”参与词组的时候，一定要从它的全码中取码。例如：

工人（aaww）　大家（ddpe）　马克思主义（cdly）　西文（sgyy）

（六）万能键“Z”

用五笔字型输入法输入汉字时，如果对某个字的编码没有把握，或者不知道识编码是什么时，都可以用万能键“Z”来代替所不知道的那个输入码。例如：要输入“脑”字，但不知道它的第三个字根应该怎么取，便可以输入“eyz”，屏幕行出现提示：

五笔：eyz　1：脑 eyb　2：脏 eyf　3：及 eyi　4：脐 eyj　5：膻 eylg

键入 1，“脑”字就会显示到光标当前位置上。

如果提示行显示的汉字中没有所要的字，可按“＋”或“－”前后翻页查找。

实战训练 4-4

在“中文录入技能训练”的文件夹内新建一个文本文档，命名为“词组输入训练法.txt”，在此文档中输入练习 1～4 的内容，每个练习至少练习十遍。

1. 双字词组训练

蔬菜　医院　功能　工厂　或者　项目　区别　世界　共同　工业　落后　东西
获得　工商　工作　世纪　职工　孩子　职能　障碍　出去　出来　防止　也是

出口 出发 了解 附近 取得 随着 子女 降低 出席 艰苦 通过 能否
参加 能够 矛盾 观念 双方 成功 存在 而且 达到 有些 非常 原因
感情 研究 有的 面积 有关 友好 成绩 成为 采取 朋友 采用 受到
逐渐 胜利 服从 脱离 地区 才能 鼓励 运动 起来 教学 教师 进口
增加 规则 进展 专业 直接 需要 进行 干部 十分 增强 地方 一切
下降 不能 现在 不过 表现 一些 还是 更加 不同 开展 不断 一定
不够 形势 一样 一般 开始 现代 政府 具有 战胜 战士 上下 眼睛
战略 肯定 战争 目的 上述 上升 目前 具体 法院 没有 活动 常常
当时 满足 举办 学习 少数 当然 掌握 学校 法律 注意 消费 深刻
显著 电子 显示 遇到 监督 明显 影响 显然 最后 时机 时间 最好
时候 紧张 电话 只有 只是 中国 中央 中心 虽然 别的 只要 顺利
别人 路线 听说 加工 国际 困难 加速 因此 办法 力量 四川 国内
加以 国家 国外 思想 回答 加强 因为 由于 由此 同时 周围 购买
内容 同样 内部 改革 以及 发动 发现 以上 司法 发展 以外 以后
发生 情况 已经 民族 数量 火车 精神 数据 业务 粮食 密切 实际
完成 实用 实现 容易 实践 农民 农业 安定 突然 之后 农村 实行
之间 社会 争取 然而 负责 多少 贸易 铁路 外国 然后 银行 解决
销售 解放 提出 反对 所有 接受 指示 看到 看法 质量 所以 损害
控制 技术 搞好 提供 报纸 推广 棉花 可能 构成 要求 相当 权力
可见 可以 根据 检查 权利 机关 造成 利用 行动 第一 特点 生活
特别 我国 自由 自己 自然 选择 重要 先生 生产 复杂 我们 系统
程度 部队 普通 状态 并且 立场 关于 减少 问题 产品 意见 决心
资料 决定 资金 交换 关系 部门 立即 部分 曾经 北京 召开 如此
那里 努力 建筑 建立 妇女 群众 始终 建设 公共 作用 促进 代表
依法 但是 分别 全国 合同 人民 企业 人家 仍然 保持 分析 人物
全部 例如 他们 介绍 作为 经营 继承 经验 组成 费用 经过 统一
经济 结果 比较 比赛 维护 结构 贯彻 结合 组织 强调 计划 为了
广大 应用 认真 离开 这些 应当 就是 房屋 方案 许多 这样 方向
访问 良好 这个 训练

2. 三字词组训练

工艺品　思想上　甚至于　共青团　基本上　大无畏　大规模　运动员　老一辈
办事员　莫斯科　劳动者　劳动力　工程师　共和国　太原市　成都市　大幅度
有效期　十进制　南昌市　无所谓　动物园　南京市　再生产　副总理　一方面
电冰箱　中青年　团支部　办事处　转折点　财政部　后勤部　拉萨市　所有制
拖拉机　技术员　杭州市　私有制　长春市　委员长　乘务员　自行车　怎么样
生产力　向前看　毛主席　着眼点　立足点　新中国　意味着　半边天　新技术
新产品　单方面　北京市　摩托车　计算机　怎么样　畜产品　评论员　广州市
工具书　出发点　局限性　国庆节　工学院　辽宁省　陕西省　出版社　卫计委
现阶段　正确性　政治局　一口气　责任心　目的地　沈阳市　游泳池　少先队
电影院　必需品　发动机　电风扇　贵阳市　唯心论　国际部　国民党　图书馆
思想性　国务院　司法部　发电机　展览会　必然性　展销会　必要性　司令员
司令部　书记处　数目字　科学院　秘书长　自尊心　自信心　半导体　总书记

3. 四字词组训练

蒸蒸日上　劳动模范　基本原则　与此同时　严格要求　显而易见　中共中央
同甘共苦　由此可见　岂有此理　基础理论　基本国策　共产主义　大有作为
有理有据　奋不顾身　顾此失彼　大显身手　历史意义　有根有据　成本核算
有条有理　三番五次　成千上万　朝气蓬勃　无可奉告　无微不至　埋头苦干
献计献策　不言而喻　电报挂号　归根到底　电话号码　另一方面　中国青年
中国政府　中央委员　唯物主义　中间环节　默默无闻　国务委员　接二连三
近几年来　欣欣向荣　标点符号　相提并论　可想而知　格格不入　繁荣昌盛
各式各样　科研成果　先进事迹　自动控制　和平共处　微不足道　翻天覆地
行政管理　自上而下　简明扼要　自力更生　生产关系　生产方式　千方百计
知识更新　程序设计　程序控制　遵照执行　美中不足　前因后果　帝国主义
总后勤部　诚心诚意　知识分子　联系业务　全心全意　随时随地　无穷无尽
国际主义　本职工作　心领神会　劳动人民　孜孜不倦　除此之外　随时随地
聪明才智　职业道德　聚精会神　了解情况　出租汽车　联系业务　取长补短
降低成本　出谋划策　培训中心　不切实际　开展工作　开展业务　开发利用
恶性循环　来人来函　满腔热情　兴旺发达　小心翼翼　满怀信心　少数民族
少先队员　深入浅出　党委书记　力不从心　中国人民　忠心耿耿　中心任务

唯心主义　中华民族　国际主义　因势利导　思想感情　国计民生　同心同德
层出不穷　发达国家　以理服人　发明创造　民主党派　炎黄子孙　实际情况
农民日报　突飞猛进　家庭出身　按劳取酬　后顾之忧　拥政爱民　后来居上
掉以轻心　指导思想　持之以恒　技术改造　利用职权　彻头彻尾　知识分子
奖勤罚懒　新陈代谢　新华书店　保卫祖国　全力以赴　领导干部　舍己救人
人民政府　人民日报　全心全意　体制改革　谦虚谨慎　诚心诚意　高等院校

4. 多字词组训练

有志者事竟成　内蒙古自治区　中央政治局　广西壮族自治区　中华人民共和国
中国人民解放军　中国共产党　中央委员会　人民大会堂　从实际出发
为人民服务　中国科学院　中央书记处　新闻发布会　民主集中制　全民所有制
国务院总理　人民代表大会

三、拼音输入法

（一）拼音输入法基础知识

1. 单字拼音输入方法

（1）全拼输入法：输入要打的字的全拼中所有字母，如中（zhong）、国（guo）。

（2）首字母输入法（也称简拼）：输入要打的字的全拼中的第一个字母，如中（z）、国（g）。

由于中文字库数量庞大、同音字有很多，因此采用拼音输入法（尤其是采用首字母输入法）输入中文时，会出现大量同音字，当要输入的字不在第一位时，按下相对应的数字即可输入该字；如果要输入的字在第一位，则敲下空格键即可输入该字。

2. 两字词拼音输入方法

（1）A＋B全拼输入法：输入要打的两字词的全拼中的所有字母，如中国（zhongguo）、美丽（meili）。

（2）A＋B首字母输入法：输入要打的两字词的每个字全拼中的首字母，如中国（zg）。

（3）A 首字母＋B 全拼输入法：当采用 A＋B 首字母输入法输入的两字词并没有出现在输入框首页上时，采用翻页键查找功能虽然也能找到要打的字，但没有直接输入 B 全拼快。例如，命令（ml）一词，当键入“ml”时并没有在输入框首页出现这个词，这时只要再补充键入“ing”即成为“mling”，也就是 A 首字母＋B 全拼的形式，“命令”就会出现在第一位上，比翻页查找要快得多。

3. 三字词和四字词拼音输入方法

（1）A＋B＋C 首字母输入法，如计算机（jsj）。

（2）A＋B＋C＋D 首字母输入法，如欣欣向荣（xxxr）。

（二）微软拼音输入法

微软拼音输入法是一种使用汉语拼音（全拼或双拼）、以整句或词语为单位的汉字输入法。用户连续输入汉语句子的拼音，系统会自动选出拼音所对应的最可能的汉字，免去逐字逐词进行同音字选择的麻烦。

1. 整句转换方式

微软拼音输入法是基于句子的输入法，整句转换方式是微软拼音输入法的缺省转换方式。在整句转换方式下，用户连续地键入句子的拼音，不必关注每一个字、每一个词的转换，微软拼音输入法会根据用户键入的上下文，智能地将拼音转换成汉字。用户键入的句子越完整，微软拼音输入法转换的准确率越高。

对于有歧义的拼音，用户必须输入音节切分符来消除歧义。但在中英文混合输入情况下，用户也可以不键入音节切分符，而让微软拼音输入法自行判断。

在完成一个句子的输入以前，输入的结果下面有一条虚线，表示当前句子还未经过确认，处于句内编辑状态。此时用户可对输入错误、音字转换错误进行修改，待按 Enter 键确认后，才会使当前语句进入编辑器的光标位置。

此外，当键入“，”“。”“；”“？”“！”等标点符号后，系统在下一句的第一个声母键入时，会自动确认该标点符号之前的句子。

2. 词语转换方式

微软拼音输入法的整句转换方式虽然能够满足绝大多数用户汉字录入的需要，但在有些情况下，词语转换方式反而灵活、便利。例如，在用户填写电子表格或者输入一些非完整句子的短语等情况下，没有足够的上下文信息提供整句转换，词语转换更能胜任。

词语转换方式是以词语为基本输入单位，每输入一个词语的拼音后，按空格或回车键将拼音转换成汉字并从候选窗口中选择正确的词语。微软拼音输入法最长支持九字词。

在此方式下，Backspace键的作用在不同的情形下有所不同：

（1）如果拼音还没被切分，则删除光标左边的拼音字母。

（2）如果拼音已经转换成汉字，则从右向左将汉字反转回拼音。

（3）如果拼音已被切分或汉字已经反转为拼音，则从右向左删除整个拼音。

注意：词语转换方式不支持中英文混合输入，不支持逐键提示。如果启用自造词功能，用户修改过的词语会自动添加到自造词文件中。

3. 全拼输入

在全拼输入模式下，每一个汉语拼音字母由键盘的一个键来输入。例如，键入“yizhikeaidexiaohuamao”，组字窗口中会出现“一只可爱的小花猫”。

4. 双拼输入

在双拼输入模式下，键盘上的一个键既可以代表汉语拼音的一个完整声母，又可以代表一个完整的韵母。此时，每一个汉字的输入需要敲两个键，第一个键为声母，第二个键为韵母。例如，使用微软拼音输入法缺省的双拼键位方案，键入“yivikeoldexchwmk”，组字窗口中会出现“一只可爱的小花猫”。

使用双拼输入模式虽然可以减少击键次数，提高汉字输入的速度，但是需要一定的记忆量，所以该方法没有得到广泛的使用。另外，在双拼输入模式下，不能使用中英文混合输入和不完整拼音输入。

5. 中英文混合输入

中英文混合输入是微软拼音输入法3.0新增加的输入模式。在这种输入模式下，用户可以连续地输入英文单词和汉语拼音，而不必切换中英文输入状态。微软拼音输入法会根据上下文来判断用户输入的是英文还是拼音，然后作相应的转换。这种输入模式适合输入混有少量英文单词的中文文章。

中英文混合输入模式采用嵌入式拼音窗口，即不存在独立的拼音窗口，用户键入的拼音或英文单词显示在组字窗口中，并根据上下文信息进行适当的转换。在此模式下，用户键入的英文单词有可能被错误地转换成汉字。出现这种情况时，可以用鼠标或左右方向键将光标定位到汉字的右边，然后按Backspace键将汉字反转成英文字母。另外，如果光标左边是英文字母，按Backspace键则会删除这个字母。

注意：中英文混合输入与不完整拼音输入不能同时使用，也不能在词语转换方式和双拼输入模式下使用。

6. 不完整拼音输入

在不完整拼音输入模式下，用户可以只用声母来输入汉字。例如，键入“zhg”，候选窗口会出现“整个”“中国”“这个”等以声母“zh”和“g”开头的词语。使用不完整拼音输入可以减少击键次数，但会降低微软拼音输入法的转换准确率。

注意：不完整拼音输入与中英文混合输入不能同时使用，同时，双拼输入也不支持不完整拼音输入。

（三）搜狗拼音输入法

搜狗拼音输入法是基于搜索引擎技术的、特别适合现代人使用的、新一代的输入法产品，用户可以通过互联网备份自己的个性化词库和配置信息。搜狗拼音输入法为现今主流汉字拼音输入法之一。

1. 全拼方法

全拼方法是搜狗拼音输入法中基本的输入方式。用户只要用Ctrl＋Shift键切换到搜狗拼音输入法，在输入窗口键入拼音即可输入，然后依次选择自己需要的字或词即可。使用者可以用默认的翻页键逗号（，）和句号（。）来进行翻页。例如：搜狗拼音（sougoupinyin）。

2. 简拼方法

简拼方法是输入声母或声母的首字母的一种输入方式，用户有效地利用简拼，可以提高输入的效率。搜狗拼音输入法现在支持的是声母简拼和声母的首字母简拼。例如，用户想输入“输入法”这三个字，键入“shrf”或者“srf”都可以。

另外，由于简拼方法候选词过多，因此用户可以采用简拼和全拼混用的模式，这样能够兼顾最少输入字母和输入效率。例如，键入“sruf”“shrfa”可以得到“输入法”；键入“zhishijs”“zsjingshen”“zsjingsh”“zsjings”都可以得到“指示精神”。能够熟练打字的用户通常会使用全拼和简拼混用的方式。

3. 双拼方法

双拼方法是用定义好的单字母代替较长的多字母韵母或声母的一种输入方式。例如，T＝t，M＝ian，键入两个字母“T”和“M”就会输入拼音“tian”。用户使用双拼可以减少击键次数，但是需要记忆字母对应的键位，熟练之后效率会有一定提高。如果用户使用双拼方法，要在设置属性窗口把双拼选上。

特殊拼音的双拼输入规则为：

对于单韵母字，需要在前面输入字母 O+韵母。例如，输入 OA→A，输入 OO→O，输入 OE→E。而在自然码双拼方案中，与自然码输入法的双拼方式一致，对于单韵母字，需要输入双韵母，例如，输入 AA→A，输入 OO→O，输入 EE→E。

（四）智能 ABC 输入法

智能 ABC 输入法是一种以拼音为基础、以词组输入为主的普及型汉字输入方法。

1. 全拼输入方式

对于使用汉语拼音比较熟练且发音较准确的用户，可以使用全拼输入方式。

（1）取码规则：按规范的汉语拼音输入，输入过程同书写汉语拼音的过程完全一致。所有的字和词都使用其完整的拼音。

（2）输入单字或词语的基本操作方法：输入小写字母组成的拼音码，用空格键表示输入码结束，并可通过按“［”和“］”键（或用“+”和“−”键）进行上下翻屏查找重码字或词，再选择相应单字或词前面的数字完成输入。

（3）单字输入，如微（wei）、型（xing）、计（ji）、算（suan）、机（ji）。

（4）词语输入，如计算机（jisuanji）、电脑（diannao）、自动化（zidonghua）。

（5）隔音符号“'”（单引号）的使用有助于进行音节划分，以避免二义性，例如，“西安（xi'an）”不应理解成“现（xian）”。

（6）句子输入，当句子按词输入时，词与词之间用空格隔开，并可以一直写下去。例如，计算机在办公自动化管理中的应用（jisuanji zai bangong zidonghua guanli zhong de yingyong）。

2. 简拼输入方式

对于汉语拼音拼写不甚准确的用户，或者想减少击键的次数，可以使用简拼输入方式，但它只适合输入词组。

取码规则为：依次取组成词组的各个单字的第一个字母组成简拼码，对于包含 zh、ch、sh 的单字，可以取前两个字母。例如：电脑（dn）、计算机（jsj）、经济（jj）、知识（zhsh、z'sh、z's）。

3. 混拼输入方式

在输入词语时，如果对词语中某个字的拼音拿不准，只能确定它的声母，建议采用混拼输入方式。

混拼输入是指在输入词语时，根据组成词语的每个单字进行编码，有的字取其全拼码，有的字则取其拼音的第一个字母或完整声母。例如：电脑（diann）、计算机（jsuanj）、知识（z'sh、z's）、天安门（t'am、t'anm、t'amen）。

4. 笔形输入方式

如果不会汉语拼音或者不知道某字的拼音，可以使用笔形输入法。笔形输入法只适合于输入单字。使用方法是：在输入法状态条上，单击鼠标右键，弹出一个设置菜单，选择“属性设置”项，在弹出的属性设置对话框中选择“笔形输入”。

智能 ABC 输入法将汉字的笔画按基本形状分为 8 种（见表 4 - 5）。

表 4 - 5　8 种基本笔画及实例

笔画代码	笔画	笔画名称	实例	注解
1	一（㇀）	横（提）	二、要、厂、政	“提”也算作横
2	丨	竖	同、师、少、党	
3	丿	撇	但、箱、斤、月	
4	丶（㇏）	点（捺）	写、忙、定、间	“捺”也算作点
5	㇕（㇆）	折（竖弯勾）	对、队、刀、弹	顺时针方向弯曲，多折笔画，以尾折为准，如“了”
6	㇄	弯	匕、她、绿、以	逆时针方向弯曲，多折笔画，以尾折为准，如“乙”
7	十（乂）	叉	草、希、档、地	交叉笔画只限于正叉
8	口	方	国、跃、是、吃	四边整齐的方框

实战训练 4-5

1. 在“中文录入技能训练”的文件夹内新建一个文本文档，命名为“拼音输入法训练.txt”，在此文档中输入以下常见易错生僻字，重复练习直至熟练掌握。

垚 yáo	犇 bēn	赑 bì	嚞 zhé	舙 huà	馫 xīn	譶 tà	灥 xún	靐 bìng	猋 biāo
畾 léi	惢 suǒ	㐺 mó	鑫 xīn	森 sēn	焱 yàn	矗 chù	毳 cuì	淼 miǎo	皛 xiǎo

觊觎　jìyú	囹圄　língyǔ	龃龉　jǔyǔ	委蛇　wēiyí	魍魉　wǎngliǎng
鳜鱼　guìyú	饕餮　tāotiè	耄耋　màodié	猥亵　wěixiè	迷惘　míwǎng
纨绔　wánkù	谄媚　chǎnmèi	蓓蕾　bèilěi	蟾蜍　chánchú	徜徉　chángyáng
蹀躞　diéxiè	彳亍　chìchù	女红　nǚgōng	趔趄　lièqie	绸缪　chóumóu
呷茶　xiāchá	狡黠　jiǎoxiá	迤逦　yǐlǐ	窥觑　kuīqù	倥偬　kǒngzǒng
踟蹰　chíchú	佝偻　gōulóu	肄业　yìyè	叱咤　chìzhà	痤疮　cuóchuāng
咄嗟　duōjiē	纶巾　guānjīn	罹难　línàn	龌龊　wòchuò	妊娠　rènshēn
促狭　cùxiá	皈依　guīyī	旮旯　gālá	戛然　jiárán	蒯草　kuǎicǎo
髑髅　dúlóu	皲裂　cūnliè	参差　cēncī	鳏夫　guānfū	孑孓　jiéjué
逡巡　qūnxún	趑趄　zījū	斡旋　wòxuán	弹劾　tánhé	旌旗　jīngqí
澹台　tántái	贲临　bìlín	鹄的　gǔdì	氤氲　yīnyūn	暴殄　bàotiǎn
单于　chányú	尉迟　yùchí	劓刑　yìxíng	噱头　xuétóu	拥趸　yōngdǔn
耆宿　qísù	沟壑　gōuhè	给予　jǐyǔ	说客　shuōkè	腌臜　āza

2. 在金山打字通程序中，进入拼音打字，依次进入“音节练习”“词汇练习”“文章练习”，将每种项目重复练习直至熟练为止。

※ 模块小结

<table>
<tr><th colspan="3">任务一　英文录入</th></tr>
<tr><td rowspan="4">键盘的分区</td><td>主键盘区</td><td>字母键；数字键和符号键；控制键</td></tr>
<tr><td colspan="2">功能键区</td></tr>
<tr><td colspan="2">编辑控制键区</td></tr>
<tr><td colspan="2">小键盘区</td></tr>
</table>

正确的键盘操作姿势	正确的打字姿势可以提高打字速度，减少疲劳，包括五个方面	
键位与指法	基准键位；手指的键位分配；击键要点	
任务二　中文录入		
中文输入法的种类	语音输入；非语音输入	
五笔字型输入法	五笔字型输入法基础知识	汉字的五种笔画；汉字的四种结构；汉字结构的三种类型
	五笔字型输入法的字根及分布	字根安排在除 Z 键之外的 25 个英文字母键上，分为横、竖、撇、捺、折五个区，每个区又分为五个位
	单字的输入	字根详解；键名和成字字根的输入方法；单字的输入方法
	简码输入法	一级简码；二级简码；三级简码
	词组输入法	双字词组；三字词组；四字词组；多字词组
	万能键“Z”	用万能键“Z”来代替不知道的输入码
拼音输入法	拼音输入法基础知识	单字拼音输入方法；两字词拼音输入方法；三字词和四字词拼音输入方法
	微软拼音输入法	整句转换方式；词语转换方式；全拼输入；双拼输入；中英文混合输入；不完整拼音输入
	搜狗拼音输入法	全拼方法；简拼方法；双拼方法
	智能 ABC 输入法	全拼输入方式；简拼输入方式；混拼输入方式；笔形输入方式

※ 模块测评

一、英文录入测评

新建一个文本文档，命名为“英文录入测评.txt”，在此文档中输入以下英文文章。

测评标准：每分钟 200 字，正确率 96%以上。

The 50-Percent Theory of Life

I believe in the 50-percent theory. Half the time things are better than normal;

the other half, they're worse. I believe life is a pendulum swing. It takes time and experience to understand what normal is, and that gives me the perspective to deal with the surprises of the future.

Let's benchmark the parameters: Yes, I will die. I've dealt with the deaths of both parents, a best friend, a beloved boss and cherished pets. Some of these deaths have been violent, before my eyes, or slow and agonizing. Bad stuff, and it belongs at the bottom of the scale.

Then there are those high points: Romance and marriage to the right person; having a child and doing those Dad things like coaching my son's baseball team, paddling around the creek in the boat while he's swimming with the dogs, discovering his compassion so deep it manifests even in his kindness to snails, his imagination so vivid he builds a spaceship from a scattered pile of Legos.

But there is a vast meadow of life in the middle, where the bad and the good flip-flop acrobatically. This is what convinces me to believe in the 50-percent theory.

One spring I planted corn too early in a bottomland so flood-prone that neighbors laughed. I felt chagrined at the wasted effort. Summer turned brutal—the worst heat wave and drought in my lifetime. The air-conditioned died; the well went dry; the marriage ended; the job lost; the money gone. I was living lyrics from a country tune—music I loathed. Only a surging Kansas City Royals team buoyed my spirits.

Looking back on that horrible summer, I soon understood that all succeeding good things merely offset the bad. Worse than normal wouldn't last long. I am owed and savor the halcyon times. They reinvigorate me for the next nasty surprise and offer assurance that can thrive. The 50-percent theory even helps me see hope beyond my Royals' recent slump, a field of struggling rookies sown so that some year soon we can reap an October harvest.

For that on blistering summer, the ground moisture was just right, planting early allowed pollination before heat withered the tops, and the lack of rain spared the standing corn from floods. That winter my crib overflowed with corn—fat, healthy three-to-a-stalk ears filled with kernels from heel to tip—while my neighbors' fields yielded only brown, empty husks.

Although plantings past may have fallen below the 50-percent expectation, and they probably will do so again in the future, I am still sustained by the crop that flourishes during the drought.

二、打字软件测评

在金山打字通中进行速度测试。选择屏幕对照，分别对中文普通文章、中文专业文章进行重复练习，直到录入速度达到每分钟 70 字。

三、百家姓五笔输入

在工作中，客户的姓名是金融行业工作人员经常需要输入的文字，快速录入客户信息体现了从业人员的职业素养。

1. 请用五笔字型输入法快速录入百家姓。

2. 考核要求。

100 分：每分钟 90 字以上；90 分：每分钟 70 字以上；80 分：每分钟 60 字以上。准确率 90%以上。

合格：每分钟 50 字以上。

百家姓

赵	钱	孙	李	周	吴	郑	王	冯	陈	褚	卫	蒋	沈	韩	杨
fhq	qg	bi	sb	mfk	kgd	udb	ggg	uc	ba	pufj	bg	auq	ipq	fjfh	sn
朱	秦	尤	许	何	吕	施	张	孔	曹	严	华	金	魏	陶	姜
ri	dwt	dnv	ytf	wsk	kk	ytb	xt	bnn	gma	god	wxf	qqqq	tvr	bqr	ugv
戚	谢	邹	喻	柏	水	窦	章	云	苏	潘	葛	奚	范	彭	郎
dhi	ytm	qvb	kwgj	srg	ii	pwfd	ujj	fcu	alw	itol	ajq	exd	aib	fkue	yvcb
鲁	韦	昌	马	苗	凤	花	方	俞	任	袁	柳	酆	鲍	史	唐
qgj	fnh	jj	cn	alf	mc	awx	yy	wgej	wtf	fke	sqt	dhdb	qgq	kq	yvh
费	廉	岑	薛	雷	贺	倪	汤	滕	殷	罗	毕	郝	邬	安	常
xjm	yuvo	mwyn	awnu	flf	lkm	wvq	inr	eudi	rvn	lq	xxf	fob	qngb	pv	ipkh
乐	于	时	傅	皮	卞	齐	康	伍	余	元	卜	顾	孟	平	黄
qi	gf	jf	wge	hc	yhu	yjj	yvi	wgg	wtu	fqb	hhy	db	blf	gu	amw
和	穆	萧	尹	姚	邵	湛	汪	祁	毛	禹	狄	米	贝	明	臧
t	tri	avi	vte	viq	vkb	iadn	ig	pyb	tfn	tkm	qtoy	oy	mhny	je	dnd
计	伏	成	戴	谈	宋	茅	庞	熊	纪	舒	屈	项	祝	董	梁
yf	wdy	dn	falw	yoo	psu	acbt	ydx	ccxo	xn	wfkb	nbm	adm	pyk	atg	ivws

杜	阮	蓝	闵	席	季	麻	强	贾	路	娄	危	江	童	颜	郭
sfg	bfq	ajt	uyi	yam	tb	yss	xk	smu	kht	ov	qdb	ia	ujff	utem	ybb
梅	盛	林	刁	钟	徐	邱	骆	高	夏	蔡	田	樊	胡	凌	霍
stx	dnnl	ss	ngd	qkhh	twt	rgb	ctk	ym	dht	awf	lll	sqqd	de	ufw	fwyf
虞	万	支	柯	昝	管	卢	莫	经	房	裘	缪	干	解	应	宗
hak	dnv	fc	ssk	thjf	tp	hn	ajd	x	yny	fiye	xnw	fggh	qev	yid	pfi
丁	宣	贲	邓	郁	单	杭	洪	包	诸	左	石	崔	吉	钮	龚
sgh	pgj	fam	cb	deb	ujfj	sym	iaw	qn	yft	da	dgtg	mwy	fk	qnf	dxa
程	嵇	邢	滑	裴	陆	荣	翁	荀	羊	于	惠	甄	麹	家	封
tkgg	tdnm	gab	ime	djde	bfm	aps	wcn	aqj	udj	gf	gjh	sfgn	fwwo	pe	fffy
芮	羿	储	靳	汲	邴	糜	松	井	段	富	巫	乌	焦	巴	弓
amwu	naj	wyf	afr	iey	gmwb	ysso	swc	fjk	wdm	pgk	aww	qng	wyo	cnh	xng
牧	隗	山	谷	车	侯	宓	蓬	全	郗	班	仰	秋	仲	伊	宫
trt	brq	mmm	wwk	lg	wnt	pntr	atdp	wg	qdmb	gyt	wqbh	to	wkhh	wvt	pk
宁	仇	栾	暴	甘	钭	厉	戎	祖	武	符	刘	景	詹	束	龙
ps	wvn	yos	jaw	afd	quf	ddn	ade	pye	gah	twf	yj	jy	qdw	gki	dx
叶	幸	司	韶	郜	黎	蓟	薄	印	宿	白	怀	蒲	邰	从	鄂
kf	fuf	ngk	ujv	tfkb	tqt	aqgj	aig	qgb	pwdj	rrr	ng	aigy	ckbh	ww	kkfb
索	咸	籍	赖	卓	蔺	屠	蒙	池	乔	阴	鬱	胥	能	苍	双
fpx	dgk	tdij	gkim	hjj	auw	nft	apg	ib	tdj	be	sqqe	nhe	ce	awb	cc
闻	莘	党	翟	谭	贡	劳	逄	姬	申	扶	堵	冉	宰	郦	雍
ub	auj	ipk	nwyf	ysj	am	apl	tah	vah	jhk	rfw	fft	mfd	puj	gmyb	yxt
郤	璩	桑	桂	濮	牛	寿	通	边	扈	燕	冀	郏	浦	尚	农
wwkb	ghae	cccs	sff	iwo	rhk	dtf	cep	lp	ynkc	au	uxl	guwb	igey	imkf	pei
温	别	庄	晏	柴	瞿	阎	充	慕	连	茹	习	宦	艾	鱼	容
ijl	klj	yfd	jpv	hxs	hhwy	uqvd	yc	ajdn	lpk	avk	nu	pah	aqu	qgf	pww
向	古	易	慎	戈	廖	庾	终	暨	居	衡	步	都	耿	满	弘
tm	dgh	jqr	nfh	agnt	ynw	yvwi	xtu	vcag	nd	tqdh	hi	ftjb	bo	iagw	xcy

匡	国	文	寇	广	禄	阙	东	殴	殳	沃	利	蔚	越	夔	隆
agd	lgyi	yygy	pfqc	yygt	pyv	uub	ai	aqm	mcu	itdy	tjh	anf	fha	uht	btg
师	巩	厍	聂	晁	勾	敖	融	冷	訾	辛	阚	那	简	饶	空
jgm	amy	dlk	bcc	jiqb	qci	gqty	gkm	uwyc	hxy	uygh	unb	vfb	tuj	qna	pw
曾	毋	沙	乜	养	鞠	须	丰	巢	关	蒯	相	查	后	荆	红
ul	xde	iit	nnv	udyj	afq	ed	dh	vjs	ud	aeej	sh	sj	rg	aga	xa
游	竺	权	逯	盖	益	桓	公	万俟		司马		上官		欧阳	
iytb	tff	scy	vipi	uglf	uwlf	sgjg	wc	dnv	wct	ngcn		h	pn	aqbj	
夏侯		诸葛		闻人		东方		赫连		皇甫		尉迟		公羊	
dht	wnt	yft	ajq	ub	w	ai	yy	fof	lpk	rgf	geh	nfif	nyp	wc	udj
澹台		公冶		宗政		濮阳		淳于		单于		太叔		申屠	
iqdy	ck	wc	uck	pfi	ght	iwo	bj	iyb	gf	ujfj	gf	dy	hic	jhk	nft
公孙		仲孙		轩辕		令狐		钟离		宇文		长孙		慕容	
wc	bi	wkhh	bi	lf	lfk	wyc	qtr	qkhh	yb	pgf	yygy	ta	bi	ajdn	pww
鲜于		闾丘		司徒		司空		亓官		司寇		仉督		子车	
qgu	gf	ukkd	rgd	ngk	tfhy	ngpw		fjj	pnhn	ngk	pfqc	wmn	hich	bb	lg
颛孙		端木		巫马		公西		漆雕		乐正		壤驷		公良	
mdmm	bi	umd	ssss	aww	cn	wc	sghg	isw	mfky	qi	ghd	fyk	clg	wc	yv
拓跋		夹谷		宰父		榖梁		晋	楚	闫	法	汝	鄢	涂	钦
rd	khdc	guw	wwk	puj	wqu	fpgc	ivws	gogj	ssn	udd	if	ivg	ghgb	iwt	qqw
段干		百里		东郭		南门		呼延		归海		羊舌		微生	
wdm	fggh	dj	jfd	ai	ybb	fm	uyh	kt	thp	jv	itx	udj	tdd	tmg	tg
岳	帅	缑	亢	况	郈	有	琴	梁丘		左丘		东门		西门	
rgm	jmh	xwn	ymb	ukq	rgkb	e	ggw	ivw	rgd	da	rgd	ai	uyh	sghg	uyh
商	牟	佘	佴	伯	赏	南宫		墨	哈	谯	笪	年	爱	阳	佟
um	cr	wfiu	wbg	wr	ipkm	fm	pk	lfof	kwg	ywyo	tjgf	rh	ep	bj	wtuy
第五		言	福	百	家	姓	终								
tx	gg	yyy	pyg	dj	pe	vtg	xtu								

四、百家姓拼音输入

1. 请任选一种拼音输入法快速录入百家姓。

2. 考核要求。

100 分：每分钟 90 字以上；90 分：每分钟 70 字以上；80 分：每分钟 60 字以上。准确率 90%以上。

模块五 计算器和小键盘录入技能

学习目标

知识目标

1. 熟悉财务计算器的结构及功能；
2. 熟悉计算机小键盘的结构及功能；
3. 掌握财务计算器和计算机小键盘的录入指法。

技能目标

1. 能够形成正确的数字录入习惯，并实现盲打；
2. 能够快速录入数字；
3. 会快速翻打传票。

价值目标

1. 了解算盘和珠算文化；
2. 增强“四个意识”，坚定“四个自信”，做到“两个维护”。

模块导入

你能达到金融系统的考核标准吗？

金融系统非常重视员工的技能考核，对业务技能不合格的员工要进行再培训，直至考核过关，方能上岗。目前金融系统对翻打百张传票的技能考核标准为：初级 4 分钟、中级 3 分钟、高级 2 分钟。

试一试，通过本模块的学习，你是否能达到金融系统的考核标准。

任务一 计算器和计算机小键盘录入指法

任务分析

本任务的教学重点是熟悉计算器和计算机键位及录入指法，教学难点是实现盲打。

一、财务计算器结构及功能认知

常用的财务计算器如图 5－1 所示。尽管不同的计算器按键的个数及排列的位置有所不同，但一般的财务计算器包括电源开关键、输入键、运算功能键、等号键、清除键、累计显示键和显示屏。

图 5－1 财务计算器

功能较多的财务计算器还会有存储读出键、损益运算键和其他键。

（一）电源开关键

“ON”“OFF”：按下此键表示开启或关闭电源。太阳能计算器超过 5 分钟不再使用时，电源将自动关闭。

（二）输入键

（1）“0” ～ “9”：数字键。

（2）“.”：小数点键。

（3）“+/—”：正负转换键。

（三）运算功能键

（1）“＋” “－” “×” “÷” ：加、减、乘、除键。需要注意的是，加、减、乘、除键在计算时都可能代替等号键。

（2）“$\sqrt{\ }$”：开平方键，用来进行开平方运算。先输入数字，再按下此键，不必按等号键即可得出结果。

（四）等号键

“＝”：等号键。

（五）清除键

（1）“C”：清除键。在数字输入期间，第一次按下此键将清除存储器内容以外的所有数值。如果是太阳能计算器，在计算器关闭状态下，按此键则开启电源，显示屏显示出“0”。

（2）“AC”或“CA”键：全部清除键，又称总清除键，作用是将显示屏所显示的数字全部清除。

（3）“→”：右移键。其功能是荧屏值向右位移，删除最右边的尾数。

（4）“CE”：部分清除键，又称更正键。其功能是清除当前输入的数字，而不是清除以前输入的数。如果刚输入的数字有误，立即按此键即可清除，待输入正确的数字后，原运算继续进行。例如，输入“5＋13”，这时发现“13”输入错了，则按“CE”键就可以清除刚才的“13”，但还保留“5”这个数。值得注意的是，在输入数字后，按“＋”“－”“×”“÷”键的，再按“CE”键，数字不能清除。

（5）“MC”：累计清除键，又称记忆式清除键。其功能是清除储存数据，清除存储器内容，只清除存储器中的数字，使内存数据清除，而不是清除显示器上的数字。

（六）累计显示键

（1）“M+”：记忆加法键，又称累加键。其功能是计算结果并加上已经储存的数；用作记忆功能，它可以连续追加，把目前显示的值放在存储器中（也就是将显示的数字与内存中已有的任何数字相加，结果存入存储器，但不显示这些数字的和）。

（2）“M−”：记忆减法键，又称累减键。其功能是计算结果并用已储存的数字减去目前的结果；从存储器内容中减去当前显示值（也就是将显示的数字与内存中已有的任何数字相减，结果存入存储器，但不显示这些数字的差）。

（七）存储读出键

（1）“MR”：存储读出键。表示用存储器中数值取代显示值。按下此键后，可使存储在“M+”或“M−”中的数字显示出来或同时参加运算，数字仍保存在存储器中，在未按“MC”键以前有效。MR调用存储器内容，读取储存的数据。

课堂讨论5-1

如何快速计算5张100元面值人民币、6张50元面值人民币、7张20元面值人民币，一共多少元？

思路：先输入“5×100”→按“M+”键→然后输入“6×50”→按“M+”键→接着输入“7×20”→按“M+”键→最后按“MR”键→则出结果“940”。

（2）“MRC”：MR和MC功能的组合，即存储读出和清除键。按一次为MR功能，即显示存储数，按第二次为MC功能，即清除存储数。

（3）“GT”：GT=Grand Total，意思是总数之和，是用来计算总和的，即按了等号键后得到的数字全部被累计，按GT后显示累计数，再按一次清空。

（八）损益运算键

“MU”：损益运算键，即标离功能，进行价格的标离。

（九）显示屏

（1）“,”：分节号，表示3位数分离符，只对整数部分有效。

（2）“GT”：总和记忆指示符。

（3）“M”：独立记忆指示符（表示计算器内储存了一些数字）。

（4）“—”：负值指示符。

（5）“E”：错误指示符。当答案容量超过荧幕位数时，荧幕会出现 ERROR 记号，可按清零键或退位键后重新输入数据。按“AC”键时，可清除所有数值；按“C”键时，清除“ERROR”记号，但荧幕上的数值仍可继续使用，且 MR 和 GT 值仍存在。

（十）其他键

（1）“↑（UP）”：无条件进位键。

（2）“5/4”：四舍五入键。

（3）“↓（CUT）”：无条件舍去键。

需要注意的是，这三个键都必须配合数字的小数点设定使用。

课堂讨论 5-2

0.896+0.561=1.457，当小数点定位在 2 时，按哪个键得“1.45”，按哪个键得“1.46”?

思路：按“CUT”键得“1.45”，按“UP”键或“5/4”键得“1.46”。

（4）小数位数选择键有以下三种：

1）“F”：表示浮动小数（无限位小数）。

2）“4 3 2 0”：代表小数点以后取 4 位、3 位、2 位、0 位数。

3）“A（ADD2）”：当开关设定于“A”时，表示小数已自动设定为 2 位数（必须在用“+”或“—”的前提下），但如果用“×”或“÷”就不会自动生成 2 位数。

课堂讨论 5-3

当开关设定于“A”时，输入“3+5”，当输入“3”然后按“+”时，屏幕会显示多少？输入“5”，结果又是多少。如果输入“3×5”，又会出现什么结果呢？

思路：当输入“3”然后按“+”时就会出现“0.03”，然后输入“5”，结果得“0.08”。如果输入“3×5”，则不会出现“0.03”的结果，而是 15。

价值提升　“世界上最古老的计算器”——中国算盘

对于许多中国人尤其是年轻人来说，算盘既熟悉又陌生，它被称为“世界上最古老的计算器”。

计算器发明之前，算盘可谓是人们居家、经商必备。世界上算盘有两大体系：一是古罗马算盘（Roman Abacus），现已淘汰；二是中国传统算盘（上二珠、下五珠），它由筹算演变而来，已有2600多年历史。筹算是用同样长短和粗细的小棍子（被称为算筹）作筹码来进行计算，是中国古代的一种计算方法。算盘究竟是何人发明的，无法考证，在东汉末年就有了算盘的记载，15世纪中期的《鲁班木经》中有制造算盘的规格。

随着算盘的普及，人们总结出许多计算口诀，使计算的速度更快了。这种用算盘计算的方法，叫作珠算。在明代，珠算已相当普及，并且有不少关于珠算的书籍，其中流传至今、影响最大的是1593年明代数学家程大位所著的《直指算法统宗》。珠算口诀由于便于记忆，运用又简单方便，因而在我国获得普遍应用，同时也陆续传到了日本、朝鲜、印度、美国、东南亚等国家和地区。

虽然如今已经进入电子计算机时代，但是古老的算盘仍然发挥着重要的作用。在中国，各行各业都有一批打算盘的高手。使用算盘和珠算，除了运算方便外，还有锻炼思维能力的作用，因为打算盘需要脑、眼、手的密切配合，是锻炼大脑的一种方法。

算盘简单的结构中蕴含了精深的数学思想，以其独特的传统结构和算法口诀，为人们提供了快捷、便利的计算方式。作为蕴含中华民族强大智慧与精神的结晶，算盘不仅是一件计算工具，而且记录了中华民族的历史演变、风土人情、生活方式、文化理念，是中华民族宝贵的精神财富。2013年，珠算被正式列入人类非物质文化遗产名录，这也是我国第30个被列入此名录的项目。珠算作为我国重要的文化科学遗产之一，被誉为中国的“第五大发明”，算盘与珠算正以它崭新的面貌出现在世人面前。

二、财务计算器录入指法

（一）财务计算器盲打指法分配

在财务报表复核及传票翻打中，加、减法用得比较多，因此，开机后，主要指法分配如下：

（1）右手食指负责："0""1""4""7"这四个键。

（2）右手中指负责："00""2""5""8"这四个键。

（3）右手无名指负责："."“3""6""9"这四个键。

（4）右手小指负责："+""-""×""÷""="这五个键。

另外，如果需要，可由食指负责"GT""CE""C""→"这四个键。

（二）财务计算器盲打定位

在击键之前或运用运算键之后，右手食指、中指、无名指应分别定位在"4""5""6"这三个键的上面。

在击键的过程中，右手的放置位置有两种情况。

第一种：右手腕悬空，操作时手掌上下移动。

第二种：右手掌根部放在桌子上，靠手指的移动来完成操作。

实战训练 5-1

学生看数击键，逐渐做到盲打键盘。

1. 基准键的输入训练

445445　656566　664554　544466　554446　446456　645645　445566　645564

564564　456456　665544　445566　556644　554466　654654　546546　566445

2. 拇指、食指键的输入训练

077444　071710　741700　147147　0714147　440107　001044　144141　141441

444770　107170　007147　001044　041000　144141　774411　000170　007744

3. 大拇指、无名指的输入训练

069603　333603　006039　606099　603366　933939　069690　306333　930600

990606　663306　939339　336699　693693　963963　0936309　063906　639639

4. 大拇指和中指的输入训练

050082　285505　080820　008582　025085　025085　225550　280050　505582

028080　285800　580028　225588　085828　085280　085202　885522　225588

5. 加减训练

敲打 147、258、369

（1）147＋147＋…－147 连加 10 次再连减 10 次最后归 0。

（2）258＋258＋…－258 连加 10 次再连减 10 次最后归 0。

（3）369＋369＋…－369 连加 10 次再连减 10 次最后归 0。

（4）147258369＋147258369…－147258369 连加 10 次再连减 10 次最后归 0。

6. 票币计算训练

完成下列票币计算操作，并填写答案。

券别	张数	张数	张数	张数	张数
100 元	29	25	18	45	46
50 元	52	93	41	27	79
20 元	84	51	65	17	45
10 元	79	28	89	63	49
5 元	21	56	27	71	26
2 元	42	47	36	41	51
1 元	64	39	73	57	69
5 角	58	65	96	19	37
1 角	77	76	57	42	58
合计金额					

（三）财务计算器盲打操作技巧

操作人员要掌握计算器盲打技能，必须做到以下几点：

1. 坐姿端正

正确的坐姿能使操作人员肌肉放松、活动自如、动作协调，减轻劳动强度。

2. 放置适合

计算器的位置放置没有固定的要求，一般根据操作人员身材的实际情况，放置于击打键盘感觉最舒适的地方。如果右手击键，为了便于击打键盘，一般放置于右手边某个最适合的位置。位置找对后，不要随便移动计算器，以免影响速度。

3. 握笔正确

在多数情况下，操作人员应左手拿笔、右手击键，这是因为一般情况下是右手击打计算器，计算完毕后，可以用左手将笔传递至右手以便于写数据，数据写完后再送回左手，继续下一个计算。但如果从一开始就训练由右手握笔击键计算，则速度会更快。

4. 精力集中

操作人员应注意力高度集中，做到眼到、手到。在操作过程中，眼睛是不看键盘的，全靠眼、手、脑协调配合，做到眼睛看到什么数字，手指就打该数字，眼到、手到，头不能左右摇摆。

5. 一气呵成

在整个操作过程中，操作人员要注意掌握好节奏，不要时快时慢甚至停顿，应动作连贯、一气呵成。

即测即评 5-1

1. 123456789＋123456789＋…＋123456789 连加 10 次，最后得数为（　　）。

测评标准：

优秀	良好	及格	不及格
＜35 秒	35～49 秒	50～60 秒	＞60 秒

2. 计算 1＋2＋3＋…＋99＋100＝（　　）。

测评标准：

优秀	良好	及格	不及格
＜60 秒	60～79 秒	80～100 秒	＞100 秒

3. 计算 5050 －1－2－3－……－99－100＝（　　）。

测评标准：

优秀	良好	及格	不及格
＜90 秒	90～119 秒	120～140 秒	＞140 秒

4. 计算下列各题（要求：限时 10 分钟、保留两位小数）。

906×32＝　　61×281＝

0.523×4.05＝　　84×703＝

598×94＝　　0.750 4×0.76＝

47×679＝　　273×59＝

302×168＝　　19×8 045＝

580.04÷96＝　　3 572÷47＝

285÷19＝　　3 655÷85＝

6 887÷71＝　　2.962 6÷0.58＝

4 650÷62＝　　24 016÷304＝

5 075÷203＝　　57 892÷70＝

5. 用财务计算器分别算出下表中横向合计与纵向合计。

序号	一	二	三	四	五	六	七	八	九	十	合计
1	4 092	7 069	1 298	3 958	6 503	574	193	6 018	3 056	5 603	
2	18	12	12	−147	795	67	639	407	−591	354	
3	306	347	4 905	4 062	1 049	38	28	913	1 941	1 049	
4	2 958	4 078	50	71	−32	8 609	7 062	58	64	68	
5	731	426	70	−315	8 605	41	−17	3 806	8 056	8 491	
6	49	358	81	6 084	46	6 305	9 601	−59	−27	−29	
7	514	9 206	234	−508	3 428	190	48	2 796	2 438	3 846	
8	82	58	127	92	−104	72	536	104	143	27	
9	765	3 179	7 283	246	7 292	748	7 458	3 462	729	−175	
10	6 350	6 504	8 536	5 103	138	4 936	724	572	−380	927	
合计											217 583

考核标准：

优秀	良好	及格	不及格
<120 秒	120～139 秒	140～160 秒	>160 秒

6. 听算测评。

通过听算训练可以锻炼记数能力、反应能力、注意力和计算器操作能力，为翻打传票打基础。

测评步骤：

(1) 教师报数，学生不看键盘找准键位。

(2) 计算下列各题，并将答案填入空格内。

(3) 限时 10 分钟。

一	二	三	四	五
231 094	6 509	3 405	586	521
3 904	942	36 508	5 601	55 106
785	1 078	297	70 924	90 378
50 162	706 385	741	−483	−824
678	204 317	60 281	173	679
9 034	5 021	907 652	924	617
4 086	20 143	362	651	−10 567
715	679	1 804	−7 308	439 028
52 309	589	9 705	9 204	−3 408
876	348	143 897	−1 607	4 905
1 584	456	971	3 286	513 284
927 863	138	8 534	−471	−7 469
2 154	6 729	261	302 895	328
723	73 218	283	93 457	−7 593
691	4 956	5 649	−286 195	162
六	**七**	**八**	**九**	**十**
871	7 058	514	1 307	368
9 403	214	8 029	−529	−325
625	963	763	4 068	7 104
298	495	3 074	634	2 516
3 076	8 102	198	−587	−309
561	736	625	219	847
234	1 029	2 095	9 805	−293
4 081	648	437	763	7 051
759	375	681	−1 042	648
183	417	8 507	−276	165
5 209	9 035	316	435	−4 608
647	826	942	−819	937
308	957	6 104	1 204	−162
146	708	189	938	7 089
9 728	2 346	352	572	345

三、计算机小键盘录入指法

计算机小键盘是计算机传票数字输入的主要工具，它由 Num Lock 键、四则运算符号“+、-、*、/”键、Enter 键、小数点键、数字 0～9 键五部分组成。

计算机传票小写数字输入是首先看小写数字、然后输入数字的过程，比大写数字输入简单。数字输入中正确的指法对于提高输入速度和准确率有很大的影响，因此操作人员必须遵循正确的指法进行操作以达到快速、高效的目的。

（一）计算机小键盘录入准备姿势

身体坐正，右手在小键盘上自然张开，中指放于基准键“5”上，食指在数字键“4”上，无名指在数字键“6”上，大拇指在数字键“0”上，小拇指放于回车键上。

（二）计算机小键盘录入基本指法

手指分工总的原则：将手指的移动范围控制在最小的范围之内。

基本键位：右手的食指、中指、无名指分别放在“4”“5”“6”键上。

（1）右手食指负责输入“1”“4”“7”和 Num Lock 键，也可负责“0”键。

（2）右手中指负责输入“2”“5”“8”“/”键，也可负责“0”键。

（3）右手无名指负责输入“.”“3”“6”“9”“*”键。

（4）右手小拇指负责输入“-”“+”和 Enter 键。

（5）右手拇指负责握笔。

实战训练 5-2

1. 将实战训练 5-1 的训练内容用计算机小键盘完成。

2. 新建一个 Excel 文档，命名为“小键盘录入训练 . xlsx”，用计算机小键盘在此文档中输入以下数字，重复练习直至实现盲打。

1415926535　8979323846　2643383279　5028841971　6939937510　5820974944

5923078164　0628620899　8628034825　3421170679　8214808651　3282306647

0938446095　5058223172　5359408128　4811174502　8410270193　8521105559

6446229489　5493038196　4428810975　6659334461　2847564823　3786783165
2712019091　4564856692　3460348610　4543266482　1339360726　0249141273
7245870066　0631558817　4881520920　9628292540　9171536436　7892590360
0113305305　4882046652　1384146951　9415116094　3305727036　5759591953
0921861173　8193261179　3105118548　0744623799　6274956735　1885752724
8912279381　8301194912　9833673362　4406566430　8602139494　6395224737
1907021798　6094370277　0539217176　2931767523　8467481846　7669405132
0005681271　4526356082　7785771342　7577896091　7363717872　1468440901
2249534301　4654958537　1050792279　6892589235　4201995611　2129021960
8640344181　5981362977　4771309960　5187072113　4999999837　2978049951
0597317328　1609631859　5024459455　3469083026　4252230825　3344685035
2619311881　7101000313　7838752886　5875332083　8142061717　7669147303
5982534904　2875546873　1159562863　8823537875　9375195778　1857780532

3. 在“小键盘录入训练．xlsx”文档中，用计算机小键盘计算以下数字，至少练习十遍，每次计算结果一致。

7994593810＋29890160＋8996520＋43979091250＋397540＋1298490＋5918399060＋890490＋12985694030＋52197360＋2096730＋83490620＋51936794090＋8961092740＋591760＋20.160＋3309982.410＋29459.780＋196.840＋2749568.030＋26.740＋741.080＋259673.140＋5819300.690＋99830.510＋2589304.690＋657.930＋35.490＋759210.960＋29106.870＋47986991250＋9697120＋59172＋12396580＋994070＋31990592740＋9938791060＋71490630＋7893540＋995820－6397010＋5976990340－897546020－39098640＋76991290480－17698020＋993540＋43926597910＋2690340＋1948993750＋83.460＋906.240＋959130.480－99514.020＋84198375.260－699048.530－69420.170＋98.350－105.370＋7149280.390＋789602.910＋276.150＋9329864.570－39791.080＋85.620＋390450＋83915496070－97692810＋6992480＋796983040－1499750＋997800－14395160＋5698279100－7931294090＋49973890210－40199580＋1959098620＋1596230＋693720＋79590.180＋659301.270＋199243.850－716.080＋8439976.250＋34.920－29689.030－769401.290＋54.710＋207.930＋549872.610－19738.940＋60.520－3899154.060＋498.530＋7895030＋30994698120＋4952096380＋399160＋

70892540＋694510＋2918490760＋17929396050＋93590210＋1497850＋47195890＋58936294090＋7199620＋5961997340＋992030＋299170.680＋8109267.590＋69483.970＋250.630＋21.050＋164.790＋6799534.820＋83.290＋19750.460＋4989021.750＋49809.510＋345.120＋7459398.060＋839920.240＋57.630＋193920＋8924791060＋68597040＋4997210＋58906199420＋59496370＋4982990630＋496.850＋3790450＋298070＋3599760＋3997098510＋318894790＋690250＋81973692950＋9379214.080＋16940395280＋21.460＋39987.050

4. 安装小键盘练习软件，并利用软件程序进行小键盘录入的训练。

（三）计算机小键盘录入注意事项

（1）培养正确的输入习惯，坐姿端正、自然，指法正确，逐渐实现盲打。

（2）输入数字时要保证“Num Lock”指示灯亮起，输入方式处于半角状态。

（3）数字之间不要有空格和标点符号等无关字符。

（4）若发现输入有误，可用“?”键和翻页键（PgDn 和 PgUp）进行修改。

（5）用指尖输入数字，切忌用指面输入数字，输入时要注意“轻点快弹”。

（6）初学者在输入数字后，手指要马上回复到基准键上，这样有利于熟悉数字之间的间隔，防止输入错误。

即测即评 5-2

计算下列各题，并将答案填入空格内。

测评要求：限时 10 分钟。

一	二	三	四	五
3 904	6 509	3 405	549	4 216
785	942	578	7 860	357
50 162	1 078	2 149	−123	908
678	706 385	798	367	158
9 034	204 317	124	−2 908	−392
4 086	5 021	3 506	415	6 407
715	20 143	291	−789	−4 680

52 309 876 1 584 927 863 2 154 723 691 231 094	679 589 348 456 138 6 729 73 218 4 956	6 704 581 129 3 807 465 271 4 360 859	365 −1 402 391 485 2 706 381 −759 2 364	759 −123 5 840 321 −276 8 209 −435 617
六	七	八	九	十
512 4 603 897 276 5 431 908 154 9 860 739 365 8 209 147 593 6 108 247	8 240 597 136 348 129 675 8 107 349 2 607 319 504 6 087 974 286 2 513	571 3 608 492 145 239 6 780 429 1 306 857 6 201 598 254 345 7 108 639	431 6 907 −285 173 −648 925 −2 317 689 4 507 −960 238 4 150 892 −754 4 306	8 230 719 856 −3 905 429 618 4 503 −982 167 −509 1 823 −761 5 109 764 −342

任务二　传票翻打技能

任务分析

本任务的教学重点是翻打百张传票，教学难点是找页、翻页、记页的配合。

传票翻打，又称传票算，是指在经济核算过程中，对各种单据、发票或凭证进行汇总计算的一种方法，一般采用加减运算。它是加减运算在实际工作中的具体应用，可以为会计核算、财会分析、统计报表等提供及时、准确、可靠的基础数字，是财经工作者，特别是银行前台柜员、出纳人员必备的一项基本功。

一、传票的种类

传票的种类多种多样。

（1）根据是否装订，传票分为订本式传票（见图 5－2）和活页式传票（见图 5－3）两种。订本式传票是在传票的左侧装订成册，一般在比赛中使用，如发票存根、收据存根等；活页式传票在各种技能大赛广泛采用，如银行支票、会计的记账凭证等。

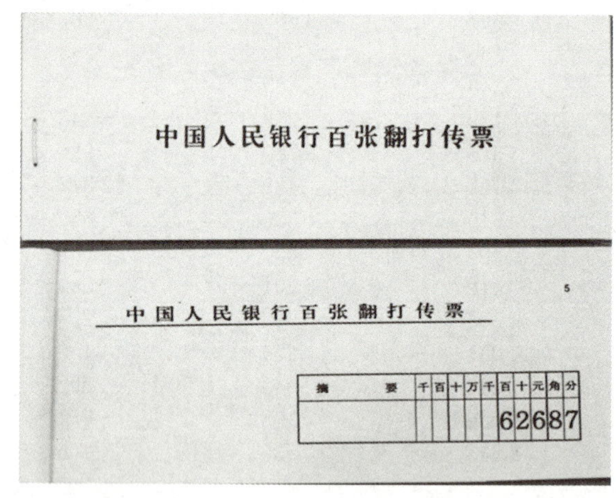

图 5－2　订本式传票

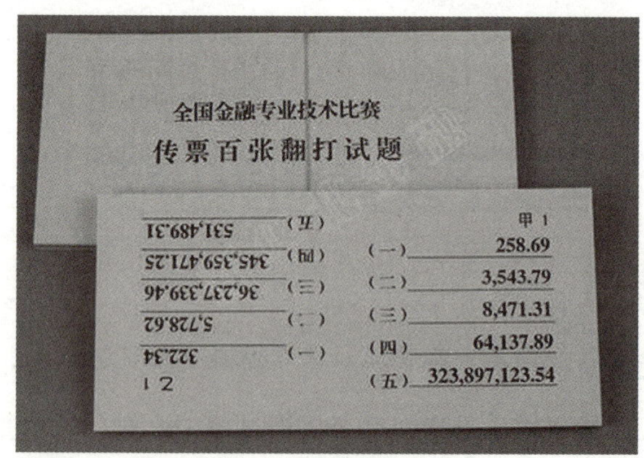

图 5－3　活页式传票

（2）根据计算内容的不同，传票分为单式传票（见图 5－4）和复式传票（见

图 5－5）。单式传票有银行支票、领料单等，复式传票有记账凭证、生产记录表等。

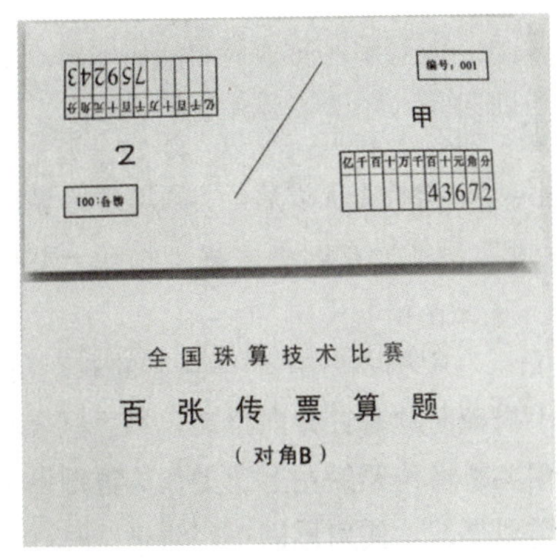

图 5－4　单式传票

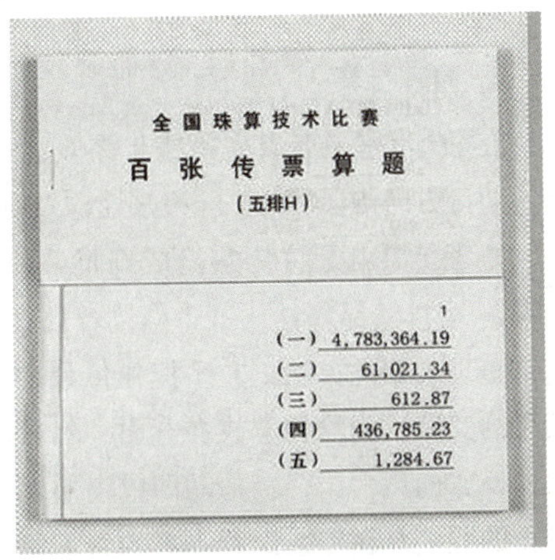

图 5－5　复式传票

二、翻打百张传票

（一）翻打百张传票类型

1. 百张单式传票算

百张单式传票算是银行系统业务竞赛常用的一种比赛形式。

（1）一行数字或两行数字颠倒印制，可供两次计算。

（2）采取百页数字一次计算，在答数正确的基础上，以速度决定名次。

（3）每百页中最高九位、最低四位数为金额单位。其中，四位数 16 页，五位至八位数各 17 页，九位数 16 页，共 650 个数码。

（4）拟题时要求 0～9 十个数码均衡搭配。

2. 百张复式传票算

百张复式传票算是全国金融、会计比赛常用形式。

（1）每本传票共 100 页，每页五行数，由四至九位数组成。其中，四、九位数各占 10%，五、六、七、八位数各占 20%，都有两位小数。

（2）页内依次印有（一）至（五）的行次标记，设任意 20 页的 20 个数据（一组）累加为一道题，0～9 十个数码均衡出现。

（二）翻打百张传票步骤

1. 整理传票

在翻打传票前，首先检查传票是否有错误。如有无缺页、重页、数码不清、错行、装订方向错误等，一经发现，应及时更换传票，待检查无误后，方可整理传票。

整理传票就是将传票捻成扇形，使每张传票自然松动，不会出现粘在一起的情况。

整理扇面的方法：左手捏住传票的左上角，右手拇指放在传票封面的右下角，两手的其余四指均相应放在背面。然后，右手拇指向顺时针方向捻动，左手配合右手向反方向用力，轻轻捻动即成扇形。最后用夹子将传票的左上角夹住，再用一个较小的票夹夹在传票最后一页的右下角，将传票架起，使扇形固定，防止错乱，如图 5－6 所示。

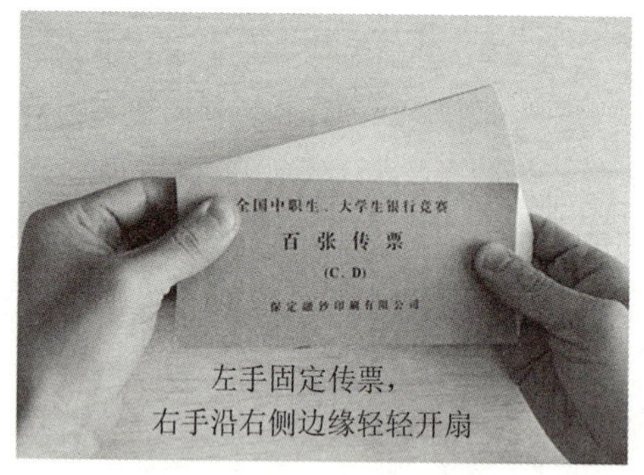

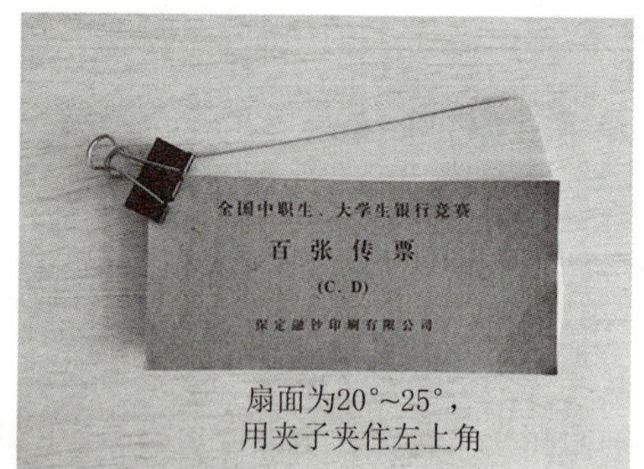

图 5－6　整理传票示意图

注意：开扇时扇形幅度不宜过大，只要把传票封面向下突出，背面向上突出，便于翻页即可。

2. 摆放传票

整理好的传票应摆放在桌面适当的位置。一般放在计算器或计算机小键盘左边或上框左半部略高部位、下框左半部略低部位。总之，传票的摆放要贴近算具，以便于看数翻打。

3. 找页

找页是传票翻打的基本功之一，必须加强练习。找页的动作快慢、准确与否，直接影响传票翻打的准确与速度。

找页的关键是练手感，即摸纸页的厚度，如 10 页、20 页、30 页、50 页等的厚度，做到仅凭手的感觉就可以一次翻到临近的页码上。然后，再用左手向前向后调整，迅速翻至要找的页码。

找页的基本要求是：右手在敲击计算器或计算机小键盘传票的数字时，用眼睛的余光看清下一传票的起始页数，用左手迅速准确找到对应页数，做到边写答案边找页。

传票翻打要求眼、手、脑并用，协调性强，可以先练习第五行数字，因第五行数字在传票的最下方，便于看数、记数，不易出错，待第五行数字的练习达到一定熟练程度后，训练行次再逐步上移。

4. 翻页

传票翻打要求用左手翻传票，右手敲击计算器或计算机小键盘，并书写答案，两手同时进行。传票翻页的方法是：将左手的小指、无名指放在传票封面的左下方，食指、拇指放在每题的起始页，然后中指配合挡住已翻过的页，食指配合将传票一页一页掀起，如图 5－7 所示。

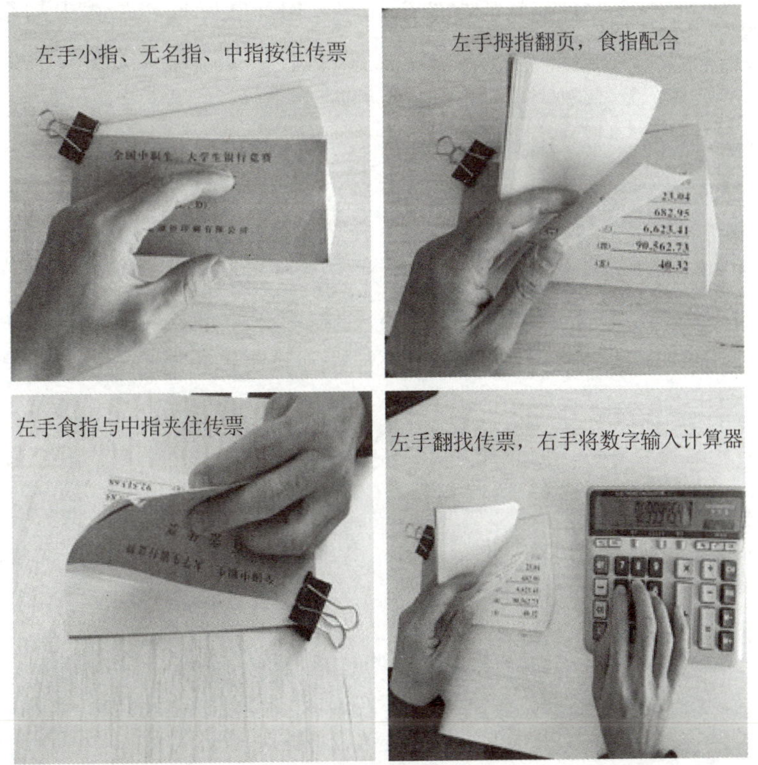

图 5－7　传票翻页示意图

翻页与计算必须同时进行，票页不宜翻得过高，角度应适宜，以能看清数据为准。翻页输入时，可采用一次一页打法，也可采用一次两页或三页打法。翻页练习是传票翻打的基础，只有左手能很准确、连贯、快速地翻开传票，才能进行传票翻打录入。

5. 记页和数页

在传票运算时，为了避免计算过页或计算不够页，应掌握记页和数页的方法。

记页就是在运算中记住终止页，当估计快要运算完该题时，用眼睛的余光扫视传票的页码，以防过页。

数页就是边运算边默念已打过的页数，最好每打一页，默念一页，以 20 页为一组为例，打第一次默念 1，打第二次默念 2……默念到 20 时核对起止页数，如无误，立即按回车键；如果采用一目两页打法，仍以 20 页为一组为例，每题只数 10 次，即打前两页时默念 1，再打两页时默念 2……默念到 10 时，核对起止页数，如无误，立即按回车键。

传票算实训平台操作演示

记页、数页看似很简单，但在实际操作过程中却很重要，练习之初就应该养成记页、数页的好习惯，避免多算或少算而影响运算速度。

实战训练 5-3

1. 单页翻找训练

训练目的：快速、准确地找到每题的起始页，提高传票翻打的准度和速度。

训练步骤：由教师报起始页数，学生快速翻找；由学生相互之间报起始页数，进行翻找训练。

2. 多页翻找训练

训练目的：快速、准确地找到每题的起始页，提高传票翻打的准度和速度。

训练步骤：教师给出一组起始页数，要求学生连续进行翻打；每组数量由少至多（5 题、10 题、20 题……），循序渐进。

3. 看翻、盲翻训练

训练目的：左手连贯、快速、准确翻页，提高翻页技巧。

训练步骤：用左手连续进行翻页训练，由少至多（20 页、50 页、100 页），循序渐进。教师可以统一计时，学生快速翻页。

4. 一页、多页训练

训练目的：左手连贯、快速、准确翻页，提高翻页技巧。

训练步骤：如一次翻 2 页、一次翻 3 页。此项训练难度较大，学生必须注意左手手指动作的协调配合，幅度适宜，切实到位。

5. 翻打百张单式传票训练

训练目的：快速、准确地进行传票翻打。

训练步骤：

(1) 用计算器或计算机小键盘翻打百张单式传票甲组或乙组。

(2) 分别求出前 10 页、前 20 页……前 90 页、前 100 页的合计数。

6. 翻打百张复式传票训练

训练目的：快速、准确地进行传票翻打。

训练步骤：

(1) 用计算器或计算机小键盘翻打百张传票。

(2) 用一次翻 3 页、一次翻 2 页或一次翻 1 页的方法。

(3) 从第一页开始，求每 20 页第五行的合计数，再用同样方法求第四行、第三行、第二行、第一行的合计数，直至熟练后求任意 20 页任意一行的合计数。

(4) 将练习的答案填入下表。

题号	起讫页数	行数	答案	题号	起讫页数	行数	答案
1	1～20	(五)		12	21～40	(三)	
2	21～40	(五)		13	41～60	(三)	
3	41～60	(五)		14	61～80	(三)	
4	61～80	(五)		15	81～100	(三)	
5	81～100	(五)		16	1～20	(二)	
6	1～20	(四)		17	21～40	(二)	
7	21～40	(四)		18	41～60	(二)	
8	41～60	(四)		19	61～80	(二)	
9	61～80	(四)		20	81～100	(二)	
10	81～100	(四)		21	1～20	(一)	
11	1～20	(三)		22	21～40	(一)	

续表

题号	起讫页数	行数	答案	题号	起讫页数	行数	答案
23	41～60	(一)		42	53～72	(三)	
24	61～80	(一)		43	64～83	(四)	
25	81～100	(一)		44	5～24	(五)	
26	16～35	(二)		45	30～49	(一)	
27	8～27	(一)		46	46～65	(二)	
28	54～73	(四)		47	13～32	(二)	
29	72～91	(三)		48	15～34	(一)	
30	61～80	(五)		49	46～65	(四)	
31	51～70	(二)		50	73～92	(三)	
32	42～61	(一)		51	17～36	(五)	
33	16～35	(四)		52	67～86	(四)	
34	40～59	(三)		53	11～30	(五)	
35	1～20	(五)		54	64～83	(二)	
36	44～63	(四)		55	66～85	(四)	
37	79～98	(五)		56	34～53	(一)	
38	2～21	(二)		57	44～63	(二)	
39	38～57	(四)		58	42～61	(三)	
40	20～39	(一)		59	56～75	(四)	
41	10～29	(二)		60	44～63	(五)	

※ 模块小结

任务一　计算器和计算机小键盘录入指法	
财务计算器结构及功能认知	电源开关键；输入键；运算功能键；等号键；清除键；累计显示键；存储读出键；损益运算键；显示屏；其他键
财务计算器录入指法	财务计算器盲打指法分配；财务计算器盲打定位；财务计算器盲打操作技巧
计算机小键盘录入指法	计算机小键盘录入准备姿势；计算机小键盘录入基本指法；计算机小键盘录入注意事项

任务二　传票翻打技能		
传票的种类	订本式传票、活页式传票；单式传票、复式传票	
翻打百张传票	翻打百张传票类型	百张单式传票算；百张复式传票算
	翻打百张传票步骤	整理传票；摆放传票；找页；翻页；记页和数页

※ 模块测评

一、找页测评

1. 测评要求：用左手迅速、准确地找到起始页数。

2. 评价标准：此项练习可以采取限量不限时和限时不限量两种形式。

标准	优秀（难）	良好（中）	合格（易）
以 20 题为一组测试（限量不限时）			
时间（秒）	8～10	11～13	14～16
以 20 秒为时间段测试（限时不限量）			
正确数	30～40	35～37	32～34

二、翻页测评

1. 测评要求：用左手迅速翻到规定页数。

2. 评价标准：此项练习可以采取限量不限时和限时不限量两种形式。

标准	优秀（难）	良好（中）	合格（易）
以 100 页为一组测试（限量不限时）			
时间（秒）	40	50	60
以 30 秒为时间段测试（限时不限量）			
正确数	60	55	50

三、传票翻打测评

测评内容及标准：

1. 10 组 20 页翻打（限时 5 分钟）。

2. 30 组 20 页翻打（限时 20 分钟）。

3. 5 组 100 页翻打（限时 25 分钟）。

四、翻打百张单式传票测评

测评内容及标准：

1. 用计算器或计算机小键盘翻打百张单式传票甲组或乙组。

2. 分别求出前 10 页、前 20 页……前 90 页、前 100 页的合计数。

3. 做对甲组或乙组 1～100 页的合计数，3 分钟以内为优秀，4 分钟以内为良好，5 分钟以内为及格，超过 5 分钟为不及格。

模块六

金融职业技能综合实训

实训内容	实训成绩
任务一　货币鉴别与挑残技能实训（50 分）	
任务二　点钞、票币计算及书写技能实训（50 分）	
任务三　字符输入技能实训（50 分）	
任务四　翻打传票技能实训（50 分）	
实训总成绩（200 分）	

任务一　货币鉴别与挑残技能实训

一、单项选择题（每小题 1 分，共 10 分）

1. 2015 年版第五套人民币 100 元纸币票面右上角面额数字（　　）。

A. 未做改变　　B. 由竖排改为横排

C. 由横排改为竖排　　D. 取消

2. 对盖有“假币”字样戳记的人民币纸币，经鉴定为真币时，由（　　）退还持有人。

A. 鉴定单位按面额兑换完整券

B. 鉴定单位直接将该鉴定纸币

C. 鉴定单位交收缴单位按面额兑换完整券

D. 鉴定单位交收缴单位将该鉴定纸币

3. 2019 年版第五套人民币 1 元硬币相较 1999 年版 1 元硬币，下列说法正确的是（　　）。

A. 调整了背面面额数字的造型

B. 背面面额数字“1”轮廓线内增加了隐形图文

C. 正面面额数字“1”轮廓线内减少了隐形图文

D. 调整了正面面额数字的造型

4. 2019 年版第五套人民币 20 元纸币相较 2005 年版 20 元纸币，票面正面取消了（　　）。

A. 人像两侧凹印线纹　　B. 竖号码

C. 面额数字对印图案　　D. 双色横号码

5. 鉴定单位鉴定时，应当至少有（　　）名具备货币真伪鉴定能力的专业人员参与，并做出鉴定结论。

A. 2　　　　B. 3

C. 4　　　　D. 5

6. 2019 年版第五套人民币 1 角硬币相较 2005 年版 1 角硬币，下列说法正确的是（　　）。

A. 调整了背面面额数字的造型　　　　B. 调整了正面面额数字的造型

C. 对正面花卉图案做了适当的收缩　　　　D. 对背面花卉图案做了适当的扩大

7. 2015 年版第五套人民币 100 元纸币中央团花图案中心花卉色彩（　　）。

A. 未做改变　　　　B. 由紫色调整为橘红色

C. 由橘红色调整为紫色　　　　D. 由橘红色调整为金色

8. 100 美元纸币的正面为本杰明·富兰克林，反面为（　　）。

A. 美国独立纪念馆　　　　B. 美国国会大楼

C. 美国白宫　　　　D. 美国林肯纪念堂

9. 按照《中国人民银行残缺污损人民币兑换办法》规定，残缺、污损人民币纸币呈正十字形缺少四分之一的，按原面额的（　　）兑换。

A. 全额　　　　B. 一半

C. 四分之三　　　　D. 四分之一

10.《中华人民共和国中国人民银行法》明确规定：人民币由（　　）统一发行。

A. 中国人民银行　　　　B. 国务院

C. 中华人民共和国　　　　D. 央银分支机构

二、多项选择题（每小题 2 分，共 20 分）

1. 2015 年版五套人民币 100 元纸币取消了（　　）防伪特征。

A. 光变油墨面额数字　　　　B. 隐形面额数字

C. 凹印手感线　　　　D. 白水印

2. 2019 年版第五套人民币发行的纸硬币面额包含（　　）。

A. 50 元、20 元、10 元、5 元纸币　　　　B. 1 元、5 角、2 角硬币

C. 1 元、5 角、1 角硬币　　　　D. 50 元、20 元、10 元、1 元纸币

3. 下列关于 2015 年版第五套人民币 100 元纸币说法正确的是（　　）。

A. 取消了票面右侧的凹印手感线、隐形面额数字和左下角的光变油墨面额

数字

B. 票面中部增加了光彩光变数字，票面右侧增加了光变镂空开窗安全线和竖号码

C. 票面右上角面额数字由横排改为竖排，并对数字样式做了调整

D. 中央团花图案中心花卉色彩由紫色调整为橘红色，取消花卉外淡蓝色花环，并对团花图案、接线形式做了调整

4. 2019 年版第五套人民币 50 元纸币票面正面的（　　）采用雕刻凹印。

A. 凹印手感线　　　　B. 盲文面额标记

C. 国徽　　　　D. 凹印线纹

5. 下列说法中，属于 2019 年版第五套人民币 1 元硬币和 1 角硬币相同特征的是（　　）。

A. 调整了面额数字造型　　　　B. 增加了隐形图文

C. 背面有花卉图案　　　　D. 正面增加了圆点

6. 2019 年版第五套人民币 1 元纸币相较 2005 年版 1 元纸币，票面正面调整了（　　）。

A. 古钱币对印图案　　　　B. 面额数字的设计样式

C. 双色横号码　　　　D. 装饰团花图案造型与层次效果

7. 以下欧元纸币票面特征描述正确的是（　　）。

A. 用拉丁文和英文标明的货币名称

B. 用 6 种不同语言文字的缩写形式注明的“欧洲中央银行”的名称

C. 有欧盟旗帜

D. 有欧洲中央银行行长签名

8. 2019 年版第五套人民币 20 元纸币相较 2005 年版 20 元纸币，票面正面取消了（　　）。

A. 全息磁性开窗安全线　　　　B. 凹印手感线

C. 双色横号码　　　　D. 装饰纹样

9. 纸币真伪的识别通常采用直观对比和仪器检测相结合的方法，即通常所说的____、____、____、测。（　　）

A. 摸　　B. 听　　C. 看　　D. 照

10. 2005 年版第五套人民币（　　）纸币采用了透光性很强的白水印技术。

A. 100 元　　B. 50 元　　C. 10 元　　D. 1 元

三、案例分析题（每小题 5 分，共 10 分）

1. **背景资料：**某银行国际业务部小张为一位顾客办理美元存款时，发现一张 100 美元假币，当即在钞票正、背两面加盖“假币”章戳，填制中国人民银行统一印制的中英文对照版《假币收缴凭证》，同时叫来储蓄主管复核签章，然后将《假币收缴凭证》交顾客签字，并告知了顾客享有的权利。

要求：请分析上述业务办理过程是否符合《中国人民银行货币鉴别及假币收缴、鉴定管理办法》的规定，如不符合请进行简要说明。

2. **背景资料：**张先生到某银行存款，储蓄柜台工作人员小李发现其中有 1 张 50 元纸币是假币，并且是从未见过的假币。经储蓄主管认可，小李当着张先生的面盖上假币章，开具了假币没收凭证，盖好章，交给张先生签字，并告知其权利。张先生虽予以配合，但仍不服气，要求用真币换回假币到中国人民银行去鉴定。小李和主管商量后将假币交给了张先生。

要求：请分析上述业务办理过程是否符合《中国人民银行货币鉴别及假币收缴、鉴定管理办法》的规定，如不符合请进行简要说明。

四、实战演练（10 分）

背景资料：佛山市一位老奶奶把家人给她的 40 万元现金用塑料袋装好，放在家里的木柜中。半年后准备装修房子，老人收拾东西时拿出来一看，才发现全部现金已经被白蚁蛀掉，无一张完好。老奶奶在家人陪同下到中国农业银行佛山分行求助。银行工作人员对残缺得不是很厉害的 91 300 元给予了兑换，剩下总数为 30 多万元的残钞都为百元面额，几乎每一张都被白蚁蛀成不规则的锯齿状。因为数额比较大，且残缺严重，需要中国人民银行鉴定才能兑换。

农行工作人员在客户的委托下，将 30 多万元残钞拿到中国人民银行佛山市中心支行进行残缺污损人民币兑换。经过中国人民银行佛山市中心支行货币金银科多名工作人员一天的鉴定，30 多万元的残钞中，可兑换回近 25 万元，客户最终损失为 6 万余元。

要求：请判断下列残钞中，哪些能全额兑换，哪些能半额兑换，哪些不能兑换。

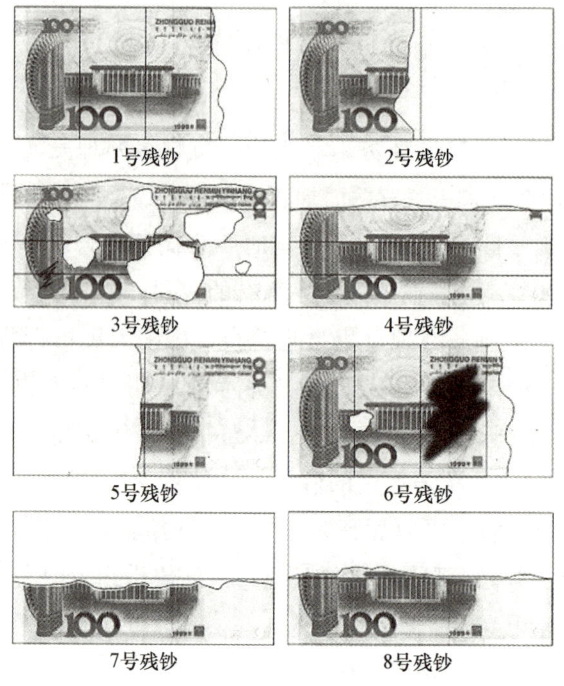

五、成绩记录表

任务一　货币鉴别与挑残技能实训成绩记录表

姓名__________　　　　学号__________

题号	一	二	三	四	总分
得分					

任务二　点钞、票币计算及书写技能实训

一、实训内容

1. 点钞、扎把、盖章。
2. 填写现金存款凭条。

3. 提交结果。

二、实训环境

每台位按顺序放置 100 元、50 元、20 元、10 元、5 元、2 元、1 元、5 角共 8 种面额的人民币点钞专用券若干，每种面值各 300～320 张。

三、实训流程

1. 学生按指定位置入座，听从教师指令准备和摆放点钞用品。

2. 系统倒计时为“0”时，学生开始拿取点钞专用券进行清点，指法不限。

3. 学生分面额点钞、计数、墩齐、扎把、盖章、放入篮筐，要求 100 张/把，剩余相同面额不足 100 张的不扎把，扎把和盖章质量要求符合行业通用要求。

4. 按照“现金存款凭条”（见图 6－1）填写各种面额的张数和金额，要求按不同面额实时分步填写。

当前赛项：点钞　　倒计时：00时04分35秒　　提交

钱箱号：1

ICBC 中国工商银行　现金存款凭条

日期：2024 年 3 月19 日

存款人	全称	[illegible]股份有限公司		
	账号	6226 0859 0625 4582	款项来源	还款
	开户行	中国工商银行XX支行	交款人	用户6
金额（大写）			金额（小写）	亿 千 百 十 万 千 百 十 元 角 分

票面	张数	十	万	千	百	十	元	票面	张数	千	百	十	元	角	分
壹佰元								伍角							
伍拾元								贰角							
贰拾元								壹角							
拾元								伍分							
伍元								贰分							
贰元								壹分							
壹元								其他							

第一联 银行核对联

图 6－1　现金存款凭条

5. 所有面额填写完毕后，学生可以点击“提交”按钮提前提交，规定时间到后系统会自动提交，提交后系统不接受任何输入。

四、评分办法

1. 本实训任务采用计算机系统自动评分与现场教师评分相结合的办法，总分为 50 分，实训操作时间为 10 分钟。

2. 计算机系统评分标准：按计算机事先设置的采分点评分，共 8 种面额钞票，学生清点完并对钞票进行扎把、盖章操作后，分面额将钞票数量和金额录入实训平台系统。每种钞票录入数量正确得 5 分，金额正确得 1.25 分。学生清点完毕，必须将全部钞票整齐放入筐中，以便教师复核，未入筐的钞票对应面值不得分。

3. 现场教师评分标准：

（1）按面值扣分，每种面值最低为零分，不出现负分；

（2）录入和提交但未完成扎把的该面值不得分；

（3）已扎把的点钞专用券质量不合格的每把扣 1 分，每种面值最多扣 3 分；

（4）没有盖章或盖章不清楚的每把扣 0.5 分，每种面值最多扣 1.5 分；现场教师评分结束后，填写“任务二　点钞、票币计算及书写技能实训成绩记录表”。

五、成绩记录表

任务二　点钞、票币计算及书写技能实训成绩记录表

姓名__________　　　　学号__________

钞券面值	得分	钞券面值	得分	钞券面值	得分	钞券面值	得分
100 元		50 元		20 元		10 元	
5 元		2 元		1 元		5 角	
计算机评分							
现场质量扣分							
总分合计							

任务三　字符输入技能实训

一、实训内容

1. 利用实训软件进行随机汉字、英文、数字和标点符号的录入。

2. 提交结果。

二、实训环境

1. 实训软件系统随机生成 1 600 个字符，系统提供对照原文进行字符输入环境，系统自动根据学生在规定时间内完成的数量和正确率评分（见图 6－2）。

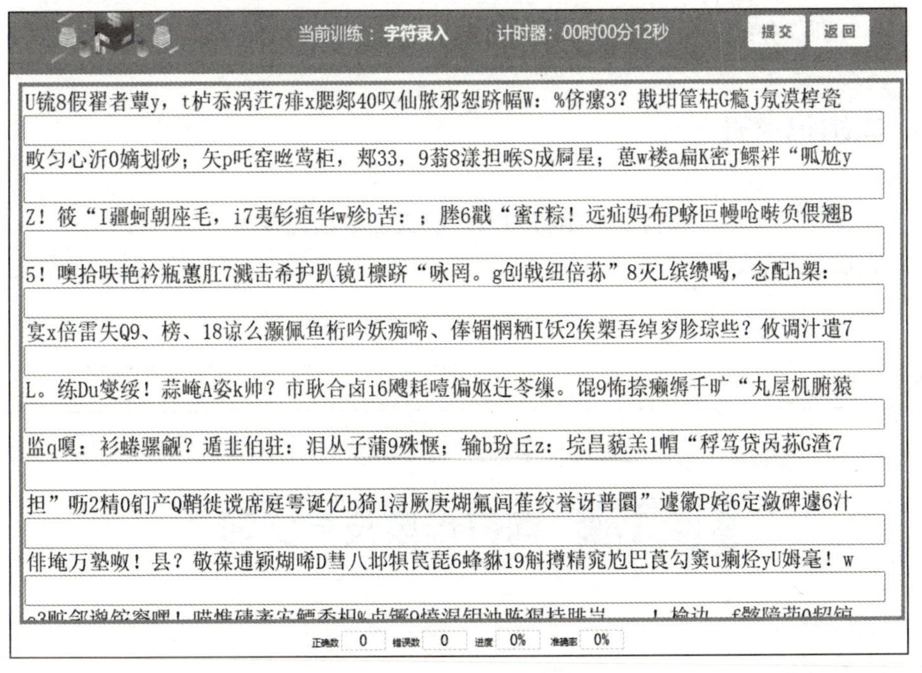

图 6－2　字符录入实训图

2. 电脑中预装极品五笔、搜狗拼音、搜狗五笔、微软全拼、万能五笔等输入法，学生可采用预装输入法进行实训，电脑系统中未预装的输入法不得采用。

三、实训流程

1. 学生按指定位置入座。

2. 学生在系统倒计时期间可选择输入法，倒计时为“0”时开始对照原文输入。

3. 提前完成的学生可以点击“提交”按钮提前提交，规定时间到后系统会自动提交，提交后系统不接受任何输入。

四、评分办法

1. 本实训任务采用计算机系统自动评分，总分为 50 分，实训操作时间为 10 分钟。

2. 计算机系统评分标准：提交后，按计算机事先设置的采分点，一个正确字符得 0.031 25 分，一个错误字符按该字符分值的 3 倍扣分（本实训任务最低为零分，不出现负分）。

3. 实训任务结束后，教师填写“任务三　字符输入技能实训成绩记录表”。

五、成绩记录表

任务三　字符输入技能实训成绩记录表

姓名	
学号	
计算机评分	

任务四　翻打传票技能实训

一、实训内容

1. 录入票据。

2. 汇总票据（Excel 表格小键盘汇总或计算器汇总）。

3. 提交结果。

二、实训环境

由系统随机生成不同传票类型（AB、CD、EF 型）和页码范围实训题，页码范围为连续的 30 页（见图 6－3、图 6－4 和图 6－5）。

每台位提供比赛专用百张传票一本，由学生按系统指定的型号和页码顺序将每 30 张传票中顺序号相同的数字相加，将汇总结果填入系统并在规定时间内提交，最终以正确汇总的组数为计分依据。

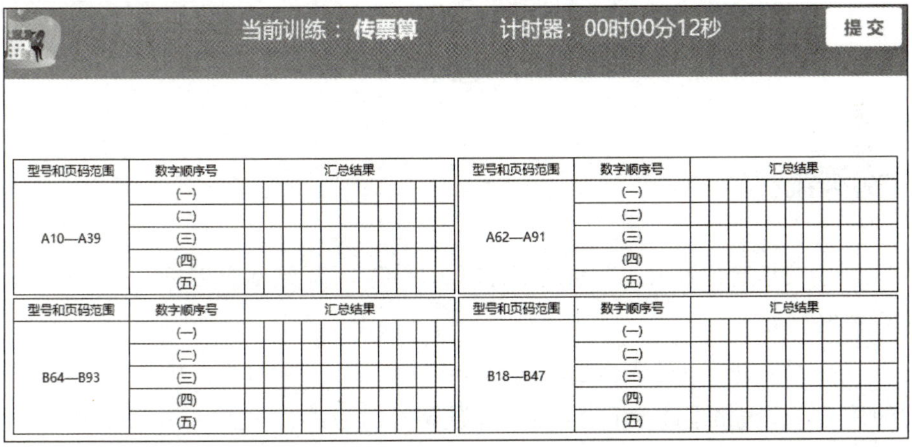

当前训练：传票算　计时器：00时00分12秒　提交

型号和页码范围	数字顺序号	汇总结果	型号和页码范围	数字顺序号	汇总结果
A10—A39	(一)		A62—A91	(一)	
	(二)			(二)	
	(三)			(三)	
	(四)			(四)	
	(五)			(五)	
型号和页码范围	数字顺序号	汇总结果	型号和页码范围	数字顺序号	汇总结果
B64—B93	(一)		B18—B47	(一)	
	(二)			(二)	
	(三)			(三)	
	(四)			(四)	
	(五)			(五)	

图 6－3　AB 型翻打传票实训图

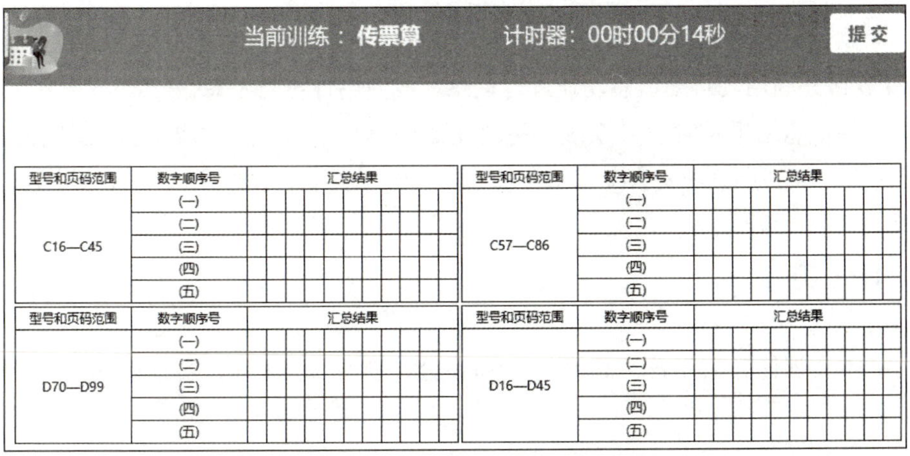

当前训练：传票算　计时器：00时00分14秒　提交

型号和页码范围	数字顺序号	汇总结果	型号和页码范围	数字顺序号	汇总结果
C16—C45	(一)		C57—C86	(一)	
	(二)			(二)	
	(三)			(三)	
	(四)			(四)	
	(五)			(五)	
型号和页码范围	数字顺序号	汇总结果	型号和页码范围	数字顺序号	汇总结果
D70—D99	(一)		D16—D45	(一)	
	(二)			(二)	
	(三)			(三)	
	(四)			(四)	
	(五)			(五)	

图 6－4　CD 型翻打传票实训图

当前训练：传票算　计时器：00时00分07秒　提交

型号和页码范围	数字顺序号	汇总结果
E2—E31	(一)	
	(二)	
	(三)	
	(四)	
	(五)	

型号和页码范围	数字顺序号	汇总结果
E59—E88	(一)	
	(二)	
	(三)	
	(四)	
	(五)	

型号和页码范围	数字顺序号	汇总结果
F62—F91	(一)	
	(二)	
	(三)	
	(四)	
	(五)	

型号和页码范围	数字顺序号	汇总结果
F4—F33	(一)	
	(二)	
	(三)	
	(四)	
	(五)	

图 6－5　EF 型翻打传票实训图

三、实训流程

1. 学生按指定位置入座，系统倒计时为“0”时开始拿取带长尾夹的百张传票本进行数据汇总。

2. 学生可以在 Excel 表格小键盘汇总和计算器汇总两种方法中任选一种。如果确定使用 Excel 表格小键盘汇总，可在系统倒计时为“0”之前打开 Excel 表格，但不得录入任何数字和公式；如果确定使用计算器汇总，可在系统倒计时为“0”之前调试计算器，但不得录入任何传票中的数字。

3. 倒计时为“0”后，按指定页码范围选定传票分组，将数据通过小键盘录入 Excel 表格并利用其自动汇总功能进行汇总，或使用计算器汇总。

4. 将汇总结果及时填入系统，提前完成的学生可以点击“提交”按钮提前提交，规定时间到后系统会自动提交，提交后系统不接受任何输入。

四、评分办法

1. 本实训任务采用计算机系统自动评分，总分为 50 分，实训操作时间为 10 分钟。

2. 计算机系统评分标准：按正确答案数计分，根据计算机事先设置的采分点，每提交一个正确数字可得 2.5 分，提交不正确的不得分。

五、有关说明

1. 学生事先调试计算器和小键盘按键是否正常，如有异常可向教师申请使用备用机重新登录或更换备用计算器。

2. 学生可以自行决定采用小键盘或计算器作为汇总工具。

3. 本技能实训评分时以系统记录成绩为唯一依据，录入 Excel 表格未进行汇总或汇总后未在系统提交的均不得分。

4. 实训任务结束后，教师填写"任务四　翻打传票技能实训成绩记录表"。

六、成绩记录表

任务四　翻打传票技能实训成绩记录表

姓名	
学号	
组别	
计算机评分	

参考文献

［1］中国人民银行条法司．中国人民银行货币鉴别及假币收缴、鉴定管理办法（中国人民银行令〔2019〕第3号）．（2019－10－16）［2020－06－30］．http://www.pbc.gov.cn/tiaofasi/144941/144957/3905172/index.html.

［2］雷玉华．银行柜员基本技能［M］．3版．北京：人民邮电出版社，2020.

［3］王永民，陈云峰．五笔字型打字及Word排版速成［M］．北京：气象出版社，2007.

［4］林迎春，张红玲．点钞与计算［M］．大连：东北财经大学出版社，2015.

图书在版编目（CIP）数据

金融职业技能 / 邓雪莉主编. -- 2 版. -- 北京：中国人民大学出版社，2025. 1. --（新编 21 世纪高等职业教育精品教材）. -- ISBN 978-7-300-33419-6

Ⅰ. F830

中国国家版本馆 CIP 数据核字第 2024NE9889 号

新编 21 世纪高等职业教育精品教材 · 金融类

金融职业技能（第二版）

主　编　邓雪莉

副主编　李　毅

Jinrong Zhiye Jineng

出版发行	中国人民大学出版社		
社　　址	北京中关村大街 31 号	**邮政编码**	100080
电　　话	010－62511242（总编室）		010－62511770（质管部）
	010－82501766（邮购部）		010－62514148（门市部）
	010－62515195（发行公司）		010－62515275（盗版举报）
网　　址	http://www.crup.com.cn		
经　　销	新华书店		
印　　刷	天津中印联印务有限公司	**版　　次**	2021 年 5 月第 1 版
开　　本	787 mm×1092 mm　1/16		2025 年 1 月第 2 版
印　　张	13 插页 1	**印　　次**	2025 年 1 月第 1 次印刷
字　　数	237 000	**定　　价**	39.00 元